Le point sur la grammaire

CLAUDE GERMAIN
HUBERT SÉGUIN

Cet ouvrage a été initialement publié au Canada
dans la collection « Le point sur... » dirigée par Claude Germain.

Dans un souci d'authenticité et par respect des diversités
linguistiques, nous avons pris l'option de respecter l'orthographe
en usage au Québec.

CLE INTERNATIONAL

REMERCIEMENTS

Nous adressons nos plus sincères remerciements à mesdames Flavia Garcia, enseignante de français, langue seconde, au COFI Parc (Centre d'orientation et de formation des immigrants), Diane Huot, professeure en didactique des langues à l'Université Laval, et Cécile Tardif, auteure de matériel didactique en français, langue seconde, ainsi qu'à monsieur Raymond LeBlanc, directeur de l'Institut des langues secondes de l'Université d'Ottawa, pour leurs précieux conseils et leurs suggestions pertinentes au moment de la relecture du manuscrit. Tous nos remerciements, également, à mesdames Monique Duplantie, vice-présidente à l'édition, et Francine Cloutier, chargée de projet, au Centre éducatif et culturel, pour leur appui et la mise en œuvre de cet ouvrage.

© 1995, Les Éditions CEC inc.
8101, boul. Métropolitain Est
Anjou (Québec) H1J 1J9

© 1998, CLE International,
27, rue de la Glacière,
75013 Paris.
ISBN 209 033 324-3

AVANT-PROPOS

Faire le point sur la grammaire en didactique des langues n'est pas une tâche aisée car il n'existe pas une mais plusieurs interprétations de ce qu'est la grammaire. En effet, en dépit du titre du présent ouvrage synthèse, ce n'est pas *une* mais bien *des* conceptions ou représentations de la grammaire dont il a fallu tenir compte. Pour rendre compte de la diversité des grammaires, nous avons défini ce que nous entendions par *grammaire* et établi une typologie des grammaires. C'est d'ailleurs cette dernière qui nous a servi de fil conducteur, comme le reflètent les titres des chapitres : nous avons fait la distinction entre deux grands types généraux de grammaire, la grammaire linguistique et la grammaire pédagogique, cette dernière se subdivisant en grammaire d'apprentissage, grammaire d'enseignement et grammaire de référence. Le domaine de la grammaire en didactique des langues est devenu si vaste, au fil des ans, que nous avons dû nous résigner à laisser de côté un type de grammaire, la grammaire descriptive, de nature proprement linguistique. Nous avons préféré aborder la question cruciale de l'enseignement de la grammaire et, surtout, des rapports entre l'enseignement et l'apprentissage de la grammaire. Nous n'avons pas négligé non plus, grâce à la technique des sondages et à trois études de cas, le point de vue des personnes impliquées, c'est-à-dire la conception que se font les enseignants de langue de ce que sont les règles grammaticales, la grammaire, ainsi que les finalités de l'enseignement de la grammaire.

On remarque cependant un certain déséquilibre quant aux données disponibles. En effet, les grammaires de référence (c'est-à-dire celles des linguistes ou des didacticiens), les grammaires d'apprentissage (les nombreux manuels mis entre les mains des apprenants) et les grammaires d'enseignement (les programmes grammaticaux destinés principalement aux enseignants) fourmillent. On dispose également, dans le cadre des nombreux travaux de recherche empirique consacrés à l'acquisition des langues secondes, d'un certain nombre de données sur l'apprentissage de la grammaire en milieu scolaire. Toutefois, le parent pauvre de la grammaire en didactique des langues reste l'enseignement. Les recherches sur l'enseignement de la grammaire font cruellement défaut. Cela s'explique vraisemblablement par le fait qu'il n'existe toujours pas de théorie de l'enseignement des langues. Tout porte à croire que le domaine sera malheureusement appelé à piétiner — même s'il s'agit précisément de ce qui intéresse au plus haut point tout enseignant de langue — tant et aussi longtemps qu'on ne disposera pas d'au moins une théorie de l'enseignement des langues (articulée, bien entendu, sur une théorie de l'apprentissage, but ultime de tout enseignement). Sans que soient négligées pour autant les questions de nature purement linguistique ou relatives à l'acquisition de la grammaire, il serait plus que temps que les chercheurs en didactique des langues s'intéressent à l'enseignement proprement dit de la grammaire de manière à combler une grave lacune sur le plan théorique, tout en répondant à d'importants besoins d'ordre pratique.

ABRÉVIATIONS ET SYMBOLES UTILISÉS

L1	: langue première ou maternelle
L2	: langue seconde ou étrangère
1S	: première personne du singulier
1P	: première personne du pluriel
2S	: deuxième personne du singulier
2P	: deuxième personne du pluriel
3S	: troisième personne du singulier
3P	: troisième personne du pluriel
SGAV	: structuro-globale audiovisuelle
~	: avant l'ère chrétienne
⌣	: voyelle brève
-	: voyelle longue
*	: devant certaines formes, indique qu'il s'agit de cas non attestés ou non grammaticaux

TABLE DES MATIÈRES

PREMIÈRE PARTIE
COUP D'ŒIL RÉTROSPECTIF
CHAPITRE 1

QUELQUES JALONS HISTORIQUES 3
A. L'invention d'un langage grammatical 4
   1. L'écriture et la grammaire 4
   2. Les parties du discours................................... 5
   3. Le verbe : tentatives de représentation de la conjugaison 9
B. Le caractère évolutif et relatif de la description grammaticale .. 11
   1. Le concept de syntaxe 12
   2. L'orthographe grammaticale au 18e siècle................. 12
   3. L'accord du participe passé 13
C. La place et le rôle de la grammaire dans quelques méthodes ... 14
   1. La méthode grammaire-traduction 14
   2. La méthode directe..................................... 18
   3. La méthodologie structuro-globale audiovisuelle 21
   4. La méthode audio-orale 25

DEUXIÈME PARTIE
ESSAI DE SYNTHÈSE
CHAPITRE 2

GRAMMAIRE ET GRAMMAIRES............................... 31
A. La définition de la grammaire.............................. 31
B. L'apprentissage de la grammaire d'une L2 : problématique 33
C. Le domaine de la grammaire............................... 35
   1. La conception traditionnelle de la grammaire :
      grammaire = morphologie et syntaxe 35
   2. Une conception élargie de la grammaire :
      grammaire = linguistique = langue......................... 36
   3. Une conception relativement élargie de la grammaire :
      grammaire = règles d'usage et règles d'emploi............... 39

    D. La place de la grammaire dans un cours de L2 :
       la grille de Celce-Murcia 41
       1. L'apprenant 43
       2. Les objectifs et l'institution 45
    E. Les types de grammaires 46
       1. La classification de Dirven 46
       2. Une proposition de classification 47
    F. Une perspective épistémologique 56
       1. Le constructivisme 58
       2. La diversité des points de vue 59
       3. La représentation grammaticale et l'apprentissage d'une L2 60

CHAPITRE 3

**GRAMMAIRE DE RÉFÉRENCE : LES PARTIES DU DISCOURS
ET LA CONJUGAISON** 65
    A. Les parties du discours : descriptions actuelles 66
       1. Des descriptions traditionnelles 66
       2. Des tentatives de renouveau 67
    B. La conjugaison : pour une nouvelle taxinomie 70
       1. La terminologie 70
       2. Les effectifs 72
       3. Les groupes de verbes 74
       4. Les sous-groupes 76
       5. Les modèles de conjugaison 79

CHAPITRE 4

GRAMMAIRE LINGUISTIQUE ET GRAMMAIRE PÉDAGOGIQUE 85
    **A. Les différences entre une grammaire pédagogique
       et une grammaire linguistique** 85
    B. Quelques grammaires pédagogiques 87
       1. Le public visé 88
       2. La description grammaticale du programme proposé 89
    C. Une grammaire linguistique : la grammaire universelle 92
       1. Quelques principes et paramètres de la grammaire universelle ... 93
       2. Une remise en cause éventuelle de la notion
          de règle grammaticale 96

**D. Les implications de la grammaire universelle
quant à l'acquisition d'une langue** 97
    1. Un modèle d'acquisition de la L1..........................97
    2. Le rôle de la grammaire universelle dans l'acquisition
       de la grammaire d'une L2 99
    3. Quelques remarques critiques...........................102
**E. Les rapports entre grammaire linguistique
et grammaire pédagogique**.............................102

CHAPITRE 5

GRAMMAIRE D'ENSEIGNEMENT : LA SÉLECTION
ET LA PROGRESSION GRAMMATICALES 109
A. La sélection grammaticale 110
    1. La grammaire universelle et l'importance des paramètres......110
    2. Le regroupement des éléments grammaticaux : le cas du verbe..111
    3. L'approche communicative et la remise en cause des principes
       de sélection 114
B. La progression grammaticale...........................119
    1. Les préalables grammaticaux 120
    2. Une progression cyclique 122

CHAPITRE 6

ENSEIGNEMENT ET APPRENTISSAGE DE LA GRAMMAIRE D'UNE L2 ..125
**A. Enseigner la grammaire peut-il nuire
à l'apprentissage de la L2 ?**............................127
    1. Quelques hypothèses de Krashen 127
    2. Le cas de l'immersion 128
    3. Quelques implications pédagogiques 131
**B. Toutes les formes grammaticales, dans une L2,
peuvent-elles être enseignées ?**.........................132
    1. L'ordre d'acquisition de certains morphèmes 133
    2. Les stades de développement de quelques
       phénomènes morphosyntaxiques........................134
    3. Les hypothèses de la non-apprenabilité/non-enseignabilité
       de Pienemann...135
    4. Le rythme d'acquisition et le degré de maîtrise de la L2.....137
C. Quelques implications pédagogiques.....................139

D. Autres arguments en faveur de l'enseignement de la grammaire 141

CHAPITRE 7
ENSEIGNEMENT DE LA GRAMMAIRE : LE DÉBAT FORME-SENS 145
A. L'accent mis sur la forme grammaticale 147
B. L'accent mis sur la signification. 148
C. L'importance de la rétroaction 150
D. L'importance du maintien des acquis 152

CHAPITRE 8
ENSEIGNEMENT DE LA GRAMMAIRE : LES PRATIQUES
GRAMMATICALES EN CLASSE DE L2 155
A. Quelques observations de classes. 156
   1. Cinq techniques d'enseignement de la grammaire 157
   2. Le discours grammatical de l'enseignant 160
B. Quelques propositions de pratiques. 166
   1. Associer structures grammaticales et dimensions sociale, sémantique et discursive 167
   2. Associer structures grammaticales et tâches communicatives ... 170
   3. Amener les apprenants à une réflexion grammaticale sur la L2 ... 177

CHAPITRE 9
REPRÉSENTATION GRAMMATICALE DE L'ENSEIGNANT 181
A. Règle grammaticale et finalités de l'enseignement de la grammaire 182
   1. La notion de règle grammaticale 182
   2. Les finalités de l'enseignement de la grammaire. 193
B. Études de cas 197

TROISIÈME PARTIE
EN GUISE DE PROSPECTIVE

CHAPITRE 10
BILAN ET PROSPECTIVE 203

BIBLIOGRAPHIE 208

PREMIÈRE PARTIE

COUP D'OEIL RÉTROSPECTIF

CHAPITRE 1

QUELQUES JALONS HISTORIQUES

Nous nous proposons de jeter quelques coups de sonde ici et là, en ce début d'ouvrage, sur ce qui, au cours de la lente évolution de l'enseignement des langues, parait avoir le plus profondément marqué la question grammaticale. C'est ainsi que nous remonterons tout d'abord, très succinctement, jusqu'à l'époque de l'invention d'un langage grammatical (les parties du discours), en effleurant au passage les quelques premières tentatives de conceptualisation ou de représentation de la conjugaison. Cela nous conduira à la formulation d'une hypothèse : le caractère évolutif et relatif de la description grammaticale, que nous vérifierons de façon particulière sur trois cas (l'orthographe au 18e siècle, le concept de syntaxe et l'accord du participe passé). Nous serons alors mieux en mesure de nous pencher sur le sort de la grammaire dans le cas de l'enseignement particulier d'une langue seconde ou étrangère (désormais L2). C'est pourquoi il nous faudra examiner brièvement les caractéristiques de la méthode grammaire-traduction, puis la place et le rôle de la grammaire dans les trois courants qui ont marqué par la suite le plus profondément toute l'évolution de l'enseignement des langues, des débuts du 20e siècle jusqu'à l'avènement de l'approche communicative autour des années 1970 : la méthode directe et la méthodologie structuro-globale audiovisuelle, de souche européenne, ainsi que la méthode audio-orale, de souche américaine. Cela nous permettra de faire ressortir jusqu'à quel point la méthode grammaire-traduction a influencé la didactique des langues et de constater que nous sommes encore, même de nos jours, indirectement tributaires de la situation du latin aux époques antérieures.

A. L'INVENTION D'UN LANGAGE GRAMMATICAL

Le présent étant tributaire du passé, il n'est pas sans intérêt de rappeler d'où nous vient notre actuel langage grammatical.

1. L'ÉCRITURE ET LA GRAMMAIRE

Vers le début du premier millénaire avant notre ère – donc quelque six cents ans avant Platon (~428-348) – les Grecs ont inventé, à partir des figures consonantiques phéniciennes, un véritable alphabet, c'est-à-dire un système de transcription des voyelles et des consonnes (*alpha* «voyelle», *bêta* «consonne»), permettant ainsi d'écrire leur langue avec ses caractéristiques propres. Cette pénétrante analyse du flux sonore du discours en unités minimales distinctives (voyelles et consonnes) supposait déjà une solide connaissance phonologique (en grec, bien contrairement au français ou à l'anglais actuels, chaque lettre correspondait à un son). La chaine écrite s'alignait sur la chaine orale, continuum éphémère que la graphie tentait de stabiliser et de reconstituer fidèlement, de sorte que les lettres, représentantes des sons, *sesuivaientsansinterruption*. D'ailleurs le mot *grammaire* vient du grec *gramma* qui signifie figure ou lettre et la *tekhnè grammatikè* (en latin, *ars grammatica*) était l'art de tracer et d'arranger les lettres sur une surface; encore de nos jours le mot *grammaire* est étroitement associé à la face écrite de la langue, à son orthographe.

Tout porte à croire que, si l'écriture n'avait pas été inventée, la grammaire n'aurait probablement pas été inventée non plus. C'est probablement grâce à la «peinture de la voix» (Voltaire) qu'est l'écriture, c'est-à-dire, à la fixation du vol des mots *(Les mots s'envolent, les écrits restent)* sur une surface au moyen de figures, que la réflexion linguistique a pu se réaliser; il semble en effet pratiquement impossible d'analyser ce qui fuit, ce qui ne fait que passer sans laisser de traces. L'idée de *mot*, d'ailleurs, n'est-elle pas psychologiquement associée à sa seule forme écrite? On comprend, dans les circonstances, que l'établissement de catégories ou parties du discours, comme le nom, le verbe, etc., ait pu demander plusieurs siècles de minutieuses observations et d'ingénieuses théorisations.

2. LES PARTIES DU DISCOURS

Ce que l'on nomme communément *les parties du discours* dans notre monde occidental parait, à toute personne alphabétisée, faire partie intégrante de la langue, à tel point que l'on ne semble pas pouvoir se référer à celle-ci sans passer par celles-là. Ce métalangage[1] est profondément inscrit dans la vie courante. Dans les dictionnaires, tous les mots sont présentés et définis sur la base des parties du discours, et les chapitres des grammaires y trouvent traditionnellement leur articulation. La référence est la même dans toutes les langues participant de la culture gréco-latine. Malgré la forte impression de pérennité que procure à l'usager scolarisé ce métalangage grammatical, il va sans dire que les parties du discours n'existent pas

---

[1] Par *métalangage*, on renvoie habituellement au langage utilisé pour traiter du... langage. Par exemple, la phrase «Le mot *table* est un nom commun» est constituée de mots ordinaires du langage pour traiter du langage (en l'occurrence, le mot *table*). Les parties du discours de la grammaire dite traditionnelle, comme de toute grammaire d'ailleurs, constituent un métalangage.

de toute éternité, qu'elles ne sont pas le résultat d'une génération spontanée, mais qu'elles ont été l'objet de discussions fort longues et ardues et qu'elles s'inscrivent donc ainsi dans l'histoire de l'humanité.

Les premières spéculations philosophiques des Grecs

Durant la préhistoire de la partition du discours (division du discours en parties), qui s'achève avec le 5e siècle avant notre ère, les philosophes font de la langue une nomenclature; la langue est décrite comme une collection de noms ayant le monde comme référent. La plus ancienne catégorie, celle du genre, serait une invention du philosophe sophiste Protagoras (~485-411), il y a environ 2 500 ans. Mais c'est au 4e siècle avant notre ère que l'on situe, habituellement, avec le *Cratyle* de Platon, le début d'un véritable métalangage où les noms (servant à désigner des êtres ou des choses) vont entrer dans un cadre grammatical et former deux grandes classes de mots, appelées *onoma* (nom-sujet ou nom) et *rhema* (nom-prédicat ou verbe), constituant le *logos* (unité de pensée ou phrase, proposition, période, c'est-à-dire un assemblage de mots qui «dit quelque chose» et qui n'est pas une simple énumération de noms).

Il faut préciser ici que les préoccupations des philosophes grecs de l'époque étaient moins d'ordre linguistique que logique, ceux-ci s'intéressant plutôt à l'adéquation ou aux rapports du langage avec la réalité qu'au langage comme tel. «L'important, c'est que Platon ait, au minimum, prêté sa voix à l'annonce de cette découverte, sans doute la plus féconde de l'histoire de la grammaire : une fois constaté qu'on parle avec (au moins) deux espèces de mots, philosophes, puis grammairiens, n'auront de cesse qu'ils n'aient établi s'il y en a d'autres, et combien, et pour quoi faire. Le branle est donné à l'exploration systématique des parties du discours» (Lallot 1988 : 14, 15). Cette exploration s'est poursuivie pendant des siècles. Le célèbre disciple de Platon, Aristote, prolonge l'analyse du *logos* : le verbe se distingue du nom en ce qu'il signifie, en plus, le temps; Aristote ajoute aux parties du discours la conjonction et l'articulation – la paternité de cette dernière n'étant cependant pas certaine (Cauquelin 1990; Lallot 1988).

Les premières réflexions véritablement grammaticales

Les stoïciens (vers le 3e siècle avant notre ère) auraient été les premiers à faire des observations, non pas purement logiques ou philosophiques sur le langage, mais aussi morphologiques, s'intéressant aux cas du nom et aux flexions du verbe, aux accords et aux fonctions; c'est avec eux que véritablement la grammaire est née. Leur analyse les amène à distinguer deux noms selon que la qualité exprimée est propre *(nom)* ou commune *(appellatif)*, ce qui donne deux parties du discours; le *verbe* est un mot fléchi, sans cas, se distinguant ainsi du nom, qui a des cas ou *ptosis* (déjà chez Aristote), et exprimant le *prédicat*; l'*article* détermine le nom avec lequel il varie en genre et en nombre et il peut être indéfini ou défini (ce qui sera appelé bien plus tard *démonstratif*); la *conjonction* (qui comprend la *préposition*) est précisée comme étant un mot de liaison sans flexion, servant à unir des phrases simples.

La réflexion des stoïciens à Athènes a été complétée par celle des philologues et grammairiens d'Alexandrie, dont le célèbre Denys le Thrace qui, vers le 1er siècle avant notre ère, dans son livre *Tekhnè grammatikè* («art de la grammaire»), présente (sans le savoir, pour la postérité) les bases de l'analyse du discours en parties (McArthur 1983). Des deux parties du discours de Platon, des trois ou quatre d'Aristote, des cinq des stoïciens, nous en sommes arrivés, après trois siècles de réflexions et de discussions, à huit parties du discours – à peu de choses près (l'interjection et l'adjectif exceptés), telles que nous les connaissons et utilisons encore vingt et un siècles après : le nom, le verbe, le participe, l'article, le pronom, la préposition, l'adverbe et la conjonction.

Denys le Thrace – il est important de le souligner – ne s'intéressait, comme d'ailleurs les philosophes grecs qui l'ont précédé, qu'à la langue grecque, les autres langues n'étant que des curiosités, considérées comme des sons incompréhensibles, des «gazouillis d'oiseaux» *(barbaros)*. Les huit parties du discours étaient bien celles du discours grec de l'époque et non celles du langage humain en tant que phénomène universel.

Il en était de même pour les grammairiens latins (Varron, Quintilien, etc.) qui, n'ayant rien inventé dans ce domaine, n'ont fait que transposer servilement dans la langue latine, la leur, les découvertes des Grecs : par exemple, pour conserver le nombre des parties du discours, comme il n'y avait pas d'article en latin, ils l'ont remplacé par l'interjection. Pour eux, donc, le parallélisme (accidentel) entre les deux langues était une évidence de l'universalisme de leurs catégories et de leurs descriptions linguistiques; ils croyaient ainsi, décrivant *leur* langage, décrire *le* langage.

Trois siècles après la *Tekhnè* de Denys le Thrace, un autre célèbre grammairien alexandrin, qui eut une grande influence sur la pensée grammaticale médiévale et humaniste, Apollonius Dyscole, dans son traité *Sur la construction,* au 2e siècle de notre ère, reste fidèle à la tradition. Il reconnait les mêmes huit parties du discours et en conserve l'ordre canonique : 1) le nom, 2) le verbe, 3) le participe, 4) l'article, 5) le pronom, 6) la préposition, 7) l'adverbe et 8) la conjonction. Il justifie l'ordre des parties ainsi : «le nom précède le verbe parce que l'action présuppose l'existence; le participe "participe" du nom et du verbe et c'est une transformation du verbe; l'article "s'articule" aux mots précédents mais pas au pronom, qui suit; le pronom vient après l'article car ce qui remplace suit ce qui accompagne; la préposition précède l'adverbe car elle se juxtapose au nom alors que l'adverbe se juxtapose au verbe et le nom précède le verbe» (Lambert 1984 : 142, 143).

Cette justification contient en germe l'ensemble des critiques qui seront faites des parties du discours. C'est qu'elle s'appuie sur des critères différents, soit sémantiques (le nom exprime l'existence, le verbe, l'action), soit syntaxiques (remplacement, juxtaposition, ordre), soit morphologiques (accord, flexion, cas), soit logiques (l'existence précède l'action).

Ainsi, au cours de notre ère, de siècle en siècle, en passant par le latin, quelques modifications ont été apportées aux parties du discours des Alexandrins. Le participe a été finalement rangé avec le verbe, le nom s'est divisé en deux parties (substantif et qualificatif) et l'interjection a été ajoutée par les grammairiens latins. L'adjectif ne sera ajouté qu'au Moyen Âge, soit après le 5e siècle de notre ère. Depuis le 9e siècle, de nombreux grammairiens se sont appliqués, avec plus ou moins de succès, à ajouter de nouvelles distinctions. Quant aux linguistes modernes, même s'ils ont réussi, à l'occasion, à faire accepter de nouveaux termes comme *déterminant, quantificateur* (*plusieurs, beaucoup, tous*), *groupe nominal, groupe verbal*, cela ne s'est jamais fait au détriment de l'ancienne nomenclature : l'essentiel de l'édifice grec, vieux de deux millénaires, n'a pas été ébranlé.

3. LE VERBE : TENTATIVES DE REPRÉSENTATION DE LA CONJUGAISON

Jusqu'à la fin du 15e siècle, seul le latin (et bien sûr le grec, qui était cependant moins connu) était valable comme langue d'étude et d'écriture, langue universelle de la pensée, modèle de toutes les langues; les langues modernes d'alors, comme le français, étaient délaissées et méprisées par les savants qui n'y voyaient qu'une dégradation du latin, qu'une écriture sans règles. Les premières descriptions du français commencent vers le début du 16e siècle, avec l'Anglais Palsgrave (1530) et le

Français Jacques Dubois (Sylvius 1531). Certaines grammaires, comme celle de Palsgrave, étaient conçues comme une aide pratique au voyageur en terre française, mais la plupart, comme celle de Sylvius, l'étaient comme initiation à l'étude du latin et, par ce biais, l'accent était mis sur les liens de parenté et sur les similitudes entre les deux langues, ce qui contribuait à donner au français une certaine dignité.

Parmi les parties du discours, il en est une qui, apparue dès les débuts avec Platon et Aristote, a occupé et continue toujours d'occuper une place de choix dans les réflexions des grammairiens : le verbe. Dans le cas particulier du français, malgré une évolution simplificatrice de la langue, le système verbal est d'une complexité telle, surtout par comparaison à d'autres langues moins marquées morphologiquement comme l'anglais, qu'il constitue une difficulté majeure dans l'apprentissage du français et qu'il a donné lieu, depuis ce demi-millénaire qu'on s'applique à décrire cette langue, à d'innombrables tentatives de représentation de son fonctionnement. Ces dernières décennies ont vu paraître plusieurs propositions nouvelles dans ce domaine mais aucune n'a réussi à passer la rampe, l'habitude de la description dite à juste titre *traditionnelle* de la conjugaison étant devenue, chez les usagers scolarisés, une seconde nature, au point qu'il leur semble inconcevable de la changer.

La langue latine classique, comme d'ailleurs la grecque, était beaucoup plus flexionnelle que notre français actuel, d'où la grande importance accordée par les grammairiens grecs et latins à la description des flexions. Le système verbal latin comprenait quatre conjugaisons régulières déterminées par l'infinitif (*amare*, *audire*, *monēre* et *ducĕre*, ces deux derniers distingués par la longueur vocalique) et autant de conjugaisons déponentes (c'est-à-dire celles des verbes qui dans cette langue avaient une forme passive mais un sens actif : *hortari*, *fateri*, *sequi*, *moliri*); la langue latine classique – celle de Cicéron et de

Virgile – comprenait quatre-vingt-dix-neuf formes simples différentes (à l'oral comme à l'écrit) pour conjuguer un verbe régulier comme *amare* ou *laudare* (ce dernier, devenu en français *louer*, se conjugue maintenant, comme tous les verbes en -*er*, avec vingt formes orales simples et trente-six à l'écrit, excluant les accords du participe passé). La morphologie verbale latine classique a été décrite et classée selon une taxinomie basée sur six catégories principales, celles de la voix, du mode, du temps, de l'aspect, du nombre et de la personne, dont l'ensemble déterminait l'appartenance de tel verbe à tel groupe. C'est bien encore cette description que nous propose la grammaire traditionnelle du français, étatisée au siècle dernier, fidèle aux Anciens «qui en sçavoyent plus que nous», écrivait Robert Estienne il y a plus de quatre cents ans, et qui donc perpétue une longue tradition, d'où son qualificatif. On pourrait dire que la grammaire traditionnelle *décrit le latin en français*. (Ce qui s'applique d'ailleurs à l'anglais et aux autres langues du monde occidental, c'est-à-dire de culture gréco-latine.)

B. LE CARACTÈRE ÉVOLUTIF ET RELATIF DE LA DESCRIPTION GRAMMATICALE

L'usage d'une langue varie avec le temps, les descriptions grammaticales, qui se veulent un reflet de l'usage, varient également. Les représentations ou conceptions du grammairien au sujet de la langue évoluent sans cesse, se raffinent aussi avec le temps. Les grammaires sont ainsi appelées à être continuellement modifiées, non seulement dans leurs premiers moments (comme on vient de le voir avec les Grecs), mais tout au cours de l'histoire. Pour nous convaincre du caractère tout à fait évolutif et relatif de la description grammaticale du français, nous allons examiner trois cas empruntés cette fois à l'histoire relativement récente de cette description : le concept de syntaxe, l'orthographe grammaticale au 18e siècle et l'accord du participe passé.

1. LE CONCEPT DE SYNTAXE

Au 18e siècle, les grammairiens définissent encore la syntaxe à partir du mot (et non de la phrase) considéré comme un élément simple susceptible d'entrer dans des combinaisons. Pendant de très nombreuses années, la syntaxe a été vue dans la perspective du simple au complexe, du mot à la phrase, et non l'inverse (mais il faut signaler que la notion de phrase a aussi changé de sens au cours des siècles). La syntaxe, selon Domergue (grammairien du 18e siècle), désigne la façon dont les mots s'agencent pour fabriquer des phrases. Cette conception, suivant laquelle la syntaxe concerne l'emploi et la construction des mots, règnera jusqu'à la fin du 19e siècle. C'est alors qu'on lui attribuera une autre valeur : elle sera conçue comme la loi d'organisation de la structure de la phrase, allant ainsi du tout à la partie, contrairement au mouvement antérieur. Le concept de syntaxe a évolué et la description grammaticale n'est donc plus tout à fait la même.

2. L'ORTHOGRAPHE GRAMMATICALE AU 18e SIÈCLE

Prenons maintenant le cas de l'orthographe française. Les problèmes proviennent de l'écart graduel qui s'est creusé entre la prononciation et l'usage écrit. L'orthographe française du 18e siècle correspond beaucoup plus à la prononciation en usage dans les milieux aristocratiques que dans les milieux de la petite bourgeoisie. L'aristocratie pratique l'opposition entre voyelle brève (comme dans *un ami* ou dans le mot *cor*) et voyelle longue (pour le pluriel *amis*, le -i- est allongé, et pour le mot *corps*, la voyelle -o- est allongée). Les enfants élevés dans les milieux de l'aristocratie éprouvent donc peu de difficultés orthographiques puisque le -s dans *des amis* et dans le mot *corps* est précédé d'un son allongé dans leur prononciation; le problème se pose toutefois différemment pour les enfants du peuple ou de la petite bourgeoisie qui, à la même époque, n'opposent plus les voyelles longues et les voyelles brèves. C'est pour eux surtout qu'il faudra élaborer des règles et des préceptes (le -s du pluriel, le -s final de *corps* ou de *temps*, le -e du féminin) qui, de fait, ne correspondent pas à leur prononciation : «Dans tous les domaines, l'évolution de la langue française à cette époque, ou plutôt l'émergence et la généralisation d'un usage plus populaire, vont accroitre considérablement les problèmes d'acquisition de l'écriture» (Chervel 1981 : 38). Et ce sont ces problèmes qui vont forcer les grammairiens à complexifier la grammaire.

3. L'ACCORD DU PARTICIPE PASSÉ

Un troisième exemple, attestant du caractère à la fois relatif et évolutif de la grammaire française, même récente, est celui de l'accord du participe passé avec *avoir* et dans les verbes pronominaux, pierre d'achoppement de l'acquisition de la grammaire du français écrit. Jusqu'au 18e siècle, le rôle des grammairiens a été non pas de légiférer mais bien d'observer l'usage des écrivains. Or, à l'époque, bon nombre d'écrivains en prose préfèrent suivre l'usage du siècle précédent, à savoir l'invariabilité *(Les fruits que j'ai vendu)*, alors que plusieurs autres préfèrent l'accord *(... vendus)* et c'est ce dernier usage qui finit par se généraliser. Comme on accordait déjà le verbe avec son sujet, pourquoi ne pas accorder, se disait-on, le participe avec son régime (son complément d'objet direct)? Certains grammairiens tentent alors de régulariser cette pratique, d'extraire une règle générale au moment même où de nouvelles couches de la population, ignorantes du «bon usage», commencent à accéder à l'écriture. Il n'en fallait pas plus pour que les grammairiens, d'observateurs de l'usage des écrivains qu'ils étaient, soient graduellement transformés en législateurs grammaticaux et jettent ainsi les fondements de la grammaire scolaire et de ce qui allait être appelé à devenir le «mythe de l'orthographe». Désormais l'enseignement de l'orthographe devient un problème pédagogique, et la grammaire est modifiée en conséquence.

C'est ainsi que se complexifie, par bricolage empirique, de manière *ad hoc* (et non dans le cadre d'une théorie cohérente), le système d'analyse destiné à faciliter l'acquisition de l'orthographe grammaticale : à force d'ajouter des distinctions de tous ordres empruntées à des sources diverses, en vue de rendre compte de tous les cas et de toutes les exceptions qu'entraine chaque nouvelle distinction, on aboutit alors à une série d'incohérences. Cette grammaire scolaire ou pédagogique, tenue historiquement plus ou moins à l'écart de la recherche linguistique et universitaire, ne peut s'expliquer que par sa visée orthographique. Elle est la mise en forme théorique de l'orthographe grammaticale et non l'application d'une théorie linguistique fondée scientifiquement.

C. LA PLACE ET LE RÔLE DE LA GRAMMAIRE DANS QUELQUES MÉTHODES

Pour mieux comprendre les répercussions de ces conceptions ou représentations grammaticales dans le domaine de l'enseignement d'une L2, il faut se référer tout d'abord à l'enseignement du latin. C'est pourquoi, en ce début d'ouvrage, nous avons cru utile de présenter de manière succincte les quelques grandes étapes de la transformation graduelle des objectifs de l'enseignement de la grammaire latine et de ses répercussions dans la méthode grammaire-traduction.

1. LA MÉTHODE GRAMMAIRE-TRADUCTION

Au cours du Moyen Âge, soit du 5e au 15e siècle environ, le latin était bien une langue vivante, la langue de communication, notamment sur le pourtour de la Méditerranée, dans le domaine du commerce, de la diplomatie, des écrits philosophiques, scientifiques et littéraires et, surtout, la langue de l'enseignement. Un des buts fondamentaux des écoles était de montrer aux élèves à lire, à écrire, à comprendre et à parler couramment le latin.

Conformément à son statut, le latin était enseigné comme une langue vivante, avec les techniques et les procédés mis au point au cours de l'Antiquité gréco-romaine : listes de mots de vocabulaire et d'expressions à mémoriser, proverbes ou maximes, dialogues, etc. Quant à l'initiation à la grammaire, elle se faisait à partir de la grammaire de Donat (grammairien du 4e siècle) ou de Priscien (grammairien du 5e siècle). Essentiellement, il s'agissait d'apprendre les parties du discours, de mémoriser des listes de mots selon leur genre (masculin, féminin et neutre), de réciter les conjugaisons des verbes et les déclinaisons des mots, par exemple, la déclinaison des mots feminins en -a : *rosa* (sujet), *rosam* (complément direct), *rosae* (complément du nom), etc.

La transformation des objectifs de la grammaire latine

La première modification significative dans l'enseignement du latin, qui allait avoir d'énormes répercussions sur l'enseignement des L2, s'est produite à partir de la Renaissance (au cours des 15e et 16e siècles environ). C'est qu'avec l'invention de l'imprimerie et la diffusion des livres, le type de latin qui devient valorisé est le latin classique, celui des auteurs de l'Antiquité. Or le latin classique est passablement différent de celui écrit et parlé au 15e siècle. C'est pourquoi les grammaires latines vont peu à peu se modifier pour devenir de véritables traités théoriques plutôt que de simples grammaires d'usage. Ce sont ces grammaires complexes qui, peu à peu, vont s'imposer dans l'apprentissage scolaire du latin. À partir de ce moment, l'étude de la grammaire latine va devenir une fin en soi plutôt qu'un moyen d'accès à la langue latine.

L'objectif pratique de l'enseignement du latin dans les écoles est graduellement supplanté par un objectif de formation intellectuelle : l'apprentissage du latin devient un exercice scolaire permettant de contribuer à la formation de l'esprit, à la formation morale de l'individu. Il devient une gymnastique intellectuelle. On apprend donc la grammaire latine en vertu de ses prétendues qualités formatrices : la grammaire, tant pour l'enseignement du latin que des langues vivantes étrangères, est considérée comme faisant appel au raisonnement et à la réflexion de l'élève[2]. C'est la grammaire qui constitue le centre de gravité de la méthode grammaire-traduction, la traduction n'étant qu'une forme d'exercice ou de pratique.

Les manuels en usage, qui visaient une initiation pratique à la langue latine, sont remplacés par des recueils de morceaux choisis tirés de la littérature latine. Ces extraits d'auteurs classiques sont présentés avec leur traduction française mot à mot (suivant l'ordre des mots du texte latin), entre chaque ligne, suivie de leur traduction en véritable français en respectant, cette fois, l'ordre des mots de la langue française. On enseigne désormais le latin en référence au français.

Quant aux grammaires, elles deviennent elles-mêmes bilingues (français-latin) vers la fin du 17e siècle. La première de ce type serait l'édition de 1654 de la grammaire de Despautère, mise en vers afin d'en faciliter la rétention. Pareil mode de présentation avait d'ailleurs déjà été utilisé quelques années plus tôt, en 1644, par Lancelot, un des auteurs de la fameuse

---

[2] Cela ne va pourtant pas de soi. Comme le fait observer Chervel, il est permis de douter de la «valeur formatrice» de pareil bricolage empirique : «Que valent alors toutes ces appréciations élogieuses sur la valeur formatrice attribuée à l'étude de la grammaire et à l'exercice de l'analyse? Rigueur, précision, méthode, aisance dans l'expression, meilleure compréhension des textes, est-ce bien ces qualités que l'enfant va acquérir au contact de cette discipline? C'est ce dont il est permis de douter» (Chervel 1981 : 277).

Grammaire générale et raisonnée (Arnauld et Lancelot), dite *Grammaire de Port-Royal*, publiée en 1660. En voici un court exemple.

VERBES LATINS EN *VEO*

REGLE XVI

Des verbes en VEO.

Ceux en VEO prennent VI, TVM,

Foueo, foui & fotum;

Mais fautum vient de Faueo,

Comme cautum de Caueo :

Et VEO Neutre est sans supin;

Aueo n'a ny pied ny main,

Feruo fera ferbui :

et Conniuet prend VI & XI.

Extrait de Claude Lancelot, *Nouvelle méthode pour apprendre facilement et en peu de temps la langue latine*, 1644, dans Caravolas 1994 : 189.

Vers la fin du 17ᵉ siècle, le latin enseigné dans les écoles n'est plus seulement une langue étrangère mais est devenu une langue morte (non parlée, qui ne subsiste que dans sa forme écrite), une discipline scolaire comme les autres. Comme la langue en usage dans les écoles est la langue française, qui remplace graduellement la langue latine, on en vient peu à peu à enseigner le latin à partir du français.

L'apparition des exercices grammaticaux de traduction

Apparaissent alors, au début du 18ᵉ siècle, les exercices grammaticaux sous la forme de thèmes, c'est-à-dire des exercices de traduction de phrases isolées, du français vers le latin. Quant à la version (la traduction de la langue étrangère vers la langue maternelle), elle était théoriquement destinée à la quatrième et à la cinquième année d'apprentissage mais, dans les faits, elle était négligée. C'est le début de la méthode grammaire-traduction, ou plus précisément de la méthode grammaire-thème surtout utilisée au cours des trois premières années de l'apprentissage du latin. Ce sont «les classes de grammaire» (Puren 1988).

Avec le temps, le texte latin va finir par constituer le coeur de chaque leçon; mais, alors que ce texte n'était composé, au début, que de phrases isolées, il va peu à peu consister en textes authentiques et c'est la version qui va finir par supplanter le thème comme exercice de traduction. Du coup, de déductif qu'il était (de la règle vers l'application à des cas particuliers), le mode d'apprentissage de la grammaire va devenir inductif (des cas particuliers vers la règle). L'apprentissage du latin est alors vu comme une importante contribution à l'apprentissage du... français.

La façon d'enseigner le latin, pourtant devenu une langue morte, a donc servi de modèle à l'enseignement des langues vivantes. On comprend pourquoi : la méthode grammaire-traduction était pratiquement le seul modèle disponible et connu en milieu scolaire. Il n'est pas étonnant que ce soit ce modèle qui ait été tout d'abord emprunté par les praticiens de l'époque. Il faudra attendre la fin du 19e siècle pour assister à quelques tentatives d'élaboration d'une manière spécifique d'enseigner une langue vivante (orale) : la «méthode des séries» de François Gouin, la méthode directe et quelques autres (Germain 1993a).

2. LA MÉTHODE DIRECTE

Au début du 20e siècle, avec l'avènement de la méthode directe, à la suite d'une longue évolution interne qui s'est produite tout au cours du 19e siècle, c'est la maitrise de la langue en tant que moyen effectif de communication qui devient l'objectif primordial – un objectif d'ordre pratique, cette fois – de l'apprentissage des L2 en milieu scolaire. Ce type d'apprentissage n'est plus vu comme un instrument de culture littéraire ou de gymnastique intellectuelle, comme c'était le cas avec la méthode grammaire-traduction. Désormais les langues vivantes ne seront plus enseignées, à l'instar du latin, comme s'il s'agissait de langues mortes.

Tout recours à la grammaire n'est pas banni pour autant. Ce qui change, c'est plutôt le moment où sont introduites les règles de grammaire, ainsi que la façon de le faire. Avec la méthode directe, la pratique orale doit précéder les règles grammaticales. C'est, affirme-t-on, par de nombreux exercices oraux qu'il sera possible à l'apprenant de recourir de façon spontanée aux formes linguistiques lorsque le besoin se fera sentir : «J'estime en effet qu'il est insuffisant d'assurer aux élèves la seule possession des verbes modèles; je suis convaincu qu'il faut faire conjuguer le plus grand nombre possible de verbes d'une même catégorie pour que l'élève puisse plus tard donner spontanément à un verbe la forme qui lui convient» (M. Bistos 1903, dans Puren 1988 : 164).

Il faut d'ailleurs préciser que la démarche inductive (allant d'un ensemble de cas particuliers à la règle générale) permettait de sauvegarder l'idée, bien ancrée chez les tenants de la méthode grammaire-traduction, que l'apprentissage d'une L2 fait non seulement appel à l'instinct mais également à la réflexion, à l'intelligence de l'apprenant.

C'est ainsi que, pour l'enseignement de la grammaire, des phrases ou des formes déjà pratiquées par les apprenants sont ordonnées au tableau, ou dans le manuel, de manière à mieux suggérer les régularités sous-jacentes (désinences ou constructions, par exemple). Grâce à ces exemples bien choisis, l'apprenant peut en arriver, espère-t-on, à induire la règle. Il s'agit donc d'apprendre la grammaire de manière inductive, c'est-à-dire par l'observation d'un certain nombre de cas particuliers à partir desquels une généralisation, sous la forme d'une règle, est dégagée par l'apprenant. Celui-ci va désormais des exemples aux règles, et non l'inverse. L'instruction officielle de 1908 fait le lien déjà entre la démarche grammaticale inductive, le recours à l'intuition et ce qui est connu, de nos jours, sous l'appellation de *pédagogie de la découverte*.

Il n'y a donc pas, à proprement parler, d'enseignement explicite de la grammaire. Le rôle de l'enseignant se limite à regrouper les énoncés en fonction de leur parenté grammaticale. La description grammaticale de la L2 est, en quelque sorte, implicite. Aucune règle n'est explicitée par l'enseignant même : c'est à l'apprenant qu'il revient de dégager et, au besoin, de formuler les règles à retenir. Tout enseignement à priori de la grammaire, caractéristique de la méthode indirecte qu'est la grammaire-traduction, est supprimé. On se réclame de la démarche des sciences expérimentales, alors en plein essor, qui va des faits particuliers aux généralisations.

La méthode directe s'inspire également de la méthode naturelle, c'est-à-dire de la façon dont l'enfant apprend sa langue maternelle (désormais L1) : de même que l'enfant accède directement au sens, de même, croit-on, l'apprenant d'une L2 se doit d'accéder au sens sans l'intermédiaire de la traduction. L'enfant, fait-on observer, n'apprend pas à marcher selon les règles de l'équilibre; il n'apprend pas à parler, non plus, à partir de règles grammaticales. Les différences entre l'apprentissage de la L1 et l'apprentissage d'une L2 sont gommées.

Il est instructif, à cet égard, de se reporter au texte des instructions officielles françaises de 1863 : «La méthode à suivre est ce que j'appellerai la méthode naturelle, celle qu'on emploie pour l'enfant dans la famille, celle dont chacun use en pays étranger : peu de grammaire... mais beaucoup d'exercices parlés... , beaucoup aussi d'exercices écrits sur le tableau noir; des textes préparés avec soin, bien expliqués, d'où l'on fera sortir successivement toutes les règles grammaticales» (Puren 1988 : 112-113). C'est ainsi que l'étude grammaticale est reportée *après* l'étude concrète de la langue : la pratique d'abord, la théorie ensuite.

On peut donc affirmer que la méthode est directe non seulement dans le sens que l'accès au sens se fait directement par association des sons avec les objets (notamment à l'aide d'images concrètes) sans l'intermédiaire de la traduction, mais dans le sens que l'accès à la grammaire se fait directement, par les exemples présentés, sans l'intermédiaire d'une règle explicitée.

Quant à la nature de la grammaire que l'élève est censé découvrir, elle est très certainement identique à la grammaire traditionnelle. En effet, les données de la linguistique descriptive, au début du 20e siècle, sont quasiment inexistantes. La linguistique qui a cours, à l'époque, est la linguistique historique et comparée, fondée notamment sur la recherche de l'étymologie et de la parenté des mots. La seule grammaire de référence disponible, même dans le cadre d'une méthode qui se veut avant tout centrée sur la langue orale, est toujours la grammaire traditionnelle, fondée sur la langue écrite littéraire. Pour être efficace, pourtant, une démarche inductive aurait exigé des descriptions syntaxiques précises et cohérentes, dont on ne disposait pas à ce moment-là.

3. LA MÉTHODOLOGIE STRUCTURO-GLOBALE AUDIOVISUELLE

À la suite de la Seconde Guerre mondiale, la situation de la langue française paraît quelque peu menacée, car la langue anglaise devient de plus en plus la langue internationale de communication. Le ministère de l'Éducation nationale de France, dans le cadre de ses mesures de redressement, décide de mettre au point un français élémentaire en vue d'élaborer du matériel d'enseignement destiné à la diffusion du français à l'étranger. C'est ainsi qu'est instituée une vaste enquête portant sur la fréquence des mots du français parlé, désignée par la suite comme le *Français fondamental*. Cette enquête, réalisée autour des années 1950, établit que ce sont les mots grammaticaux (articles, prépositions, pronoms personnels, etc.) qui atteignent les plus hautes fréquences, suivis des verbes, puis des adjectifs et des noms.

En même temps, une enquête statistique analogue à celle du vocabulaire est faite pour la grammaire. Deux fiches de dépouillements grammaticaux sont établies pour chaque texte enregistré : l'une est consacrée à l'étude grammaticale proprement dite et l'autre, à l'étude spéciale de l'interrogation, directe et indirecte. En plus, un relevé systématique est fait pour chaque verbe, ce qui conduit à l'élaboration de listes de fréquence des formes verbales. C'est ainsi qu'est constituée, parallèlement au lexique, une grammaire du français fondamental, dont la terminologie est celle de la grammaire traditionnelle.

L'ensemble pédagogique audiovisuel *Voix et images de France (VIF)* ainsi que, par après, plusieurs autres ensembles didactiques, comme *De vive voix, Dialogue Canada*, est aussitôt élaboré à partir des résultats de cette enquête. Dans *VIF*, la sélection des structures et des formes grammaticales repose sur les résultats de l'étude de la fréquence d'usage. Chaque leçon comprend une phase intitulée «Mécanisme grammatical». Comme la priorité est accordée à la langue parlée, les structures grammaticales sont présentées à l'aide d'un dialogue, dont les éléments sont puisés dans l'enquête sur la fréquence des mots de vocabulaire et de certains points de grammaire. Par exemple, pour les adjectifs, les auteurs de l'enquête décrètent l'enseignement des cas suivants : «On enseignera les formes *bel* et *vieil* du masculin (dans des expressions telles que : *un bel enfant, un vieil homme*)» (Gougenheim et coll. 1964 : 215).

L'adjectif *nouvel*, de faible fréquence, ne sera enseigné que dans l'expression *nouvel an*. *Fol* et *mol* ne seront pas enseignés. Aussi, *meilleur* sera enseigné, mais non *moindre*, ni *pire*. Dans le cas des démonstratifs, les auteurs suggèrent d'enseigner *ça* et *ce* dans *c'est* et *ce qui, ce que*. Et ainsi de suite pour les possessifs, les pronoms relatifs, les pronoms et déterminants indéfinis, etc.

De plus, ce sont les formes grammaticales exprimant l'affectivité, notamment les constructions nominales, qui sont enseignées dans les premières leçons (comme *Attention! vous mettez de la glace dans mon café! – Oh! pardon, je vais chercher un autre café!*). Cette tendance est contraire à l'enseignement traditionnel de la grammaire qui ne présente le phénomène qu'aux stades avancés de l'enseignement. Également, les structures affectives des propositions indépendantes sont enseignées dès les premières leçons. Dans des cas de ce type, c'est l'affectivité qui remplace, en quelque sorte, la conjonction, et le lien logique entre les phrases est marqué par l'intonation et la pause comme dans *Ils sont riches. Ils ont de l'argent. – Ils ont de l'argent. Ils n'ont pas d'amis* (Guberina 1965 : 52).

Selon Guberina (1965 : 45), l'un des promoteurs de l'approche, le rôle fondamental de la grammaire dans la méthodologie structuro-globale audiovisuelle (SGAV) est «de pouvoir effectuer les éliminations et des omissions dans la compréhension du langage». Il y a là une conception relativement originale, rarement soulignée même chez les sgaviens, du rôle de la grammaire dans la langue orale. En effet, pour Guberina, les composantes essentielles de toute langue sont les phénomènes d'ordre prosodique, notamment l'intonation et le rythme. Or, une langue, comme tous les phénomènes vitaux, se doit de respecter un certain rythme, c'est-à-dire de fonctionner par alternance de temps de détente et de temps d'attente.

Tout notre organisme est basé sur le rythme. Le rôle principal de la grammaire dans la communication verbale, précise Guberina, consiste précisément à favoriser les moments de détente dans la langue : la grammaire «fonctionne sur le principe d'inter-changements entre le temps de détente et le temps d'attente, ce qui est le vrai rythme de la vie. Les formes grammaticales nous aident à effectuer de telles opérations» (Guberina 1965 : 45). Comme la grammaire fonctionne à base de conventions, il est possible d'éliminer certaines parties, comme *Je suis allé...* en réponse à une question du type *Où êtes-vous allé hier soir? – Au cinéma*. Même si quelqu'un répond *Je suis allé au cinéma*, sans omission de la première partie, il reste que l'interlocuteur n'a à porter une audition attentive que sur le dernier segment de l'énoncé : il est possible de faire une pause pendant l'audition, sans qu'on soit continuellement obligé d'écouter attentivement. Il y aurait donc des moments de pauses dans l'attention auditive, et c'est la connaissance des conventions grammaticales, à l'oral, qui permettrait ce phénomène : «Les déclinaisons, les propositions qui demandent des cas déterminés, etc., nous permettent d'entendre d'une manière détendue, ou mieux, nous permettent de ne pas entendre tous les phonèmes des mots, tous les mots d'une phrase. Elles permettent de faire les omissions et les pauses qui sont essentielles pour une audition et une compréhension rapides» (Guberina 1965 : 46).

Tel est, également, le rôle de la concordance des temps, des conjonctions, des prépositions et de la syntaxe. Tous ces phénomènes grammaticaux permettent les éliminations et les pauses dans le processus d'audition. D'ailleurs, plus la pause est longue, plus le mot qui la suit est important. En ce sens, la grammaire dans l'apprentissage d'une L2 est essentielle : elle est vue comme un phénomène d'abrègement dans le processus d'audition. Par contre, il ne faut pas trop se concentrer sur la grammaire, sinon sa fonction risque de disparaitre : «La grammaire est enseignée dans les structures parce que c'est de cette manière qu'on l'assimile spontanément et qu'on peut la généraliser le plus facilement. Si l'élève doit toujours analyser ce qui est dit dans une langue étrangère, il ne peut pas suivre la conversation. Il est impossible de parler une langue étrangère si l'on doit penser tout le temps à la construction et aux règles» (Guberina 1965 : 52).

Quant à la démarche proprement dite d'apprentissage de la grammaire, elle est inductive, dans les débuts de l'apprentissage surtout. Mais cette démarche est fondée, non pas sur la perception d'une analogie entre des structures grammaticales (comme c'est le cas dans la méthode audio-orale américaine), mais sur l'observation du fonctionnement du discours en situation et sur un réemploi dans d'autres contextes. La grammaire est considérée comme étant mise au service de la communication; c'est ce qui fait qu'elle doit toujours être saisie en situation : «Jamais on ne s'intéresse à la grammaire pour la grammaire : le seul but de toutes les pratiques grammaticales est de permettre aux apprenants de comprendre et de s'exprimer à leur tour en situation» (Rivenc 1981 : 340).

La grammaire n'est qu'une composante – essentielle – d'une démarche d'apprentissage globale (c'est ce que souligne le mot *global*, dans *structuro-globale audiovisuelle*). En termes plus modernes, on dirait plutôt que l'acquisition d'une compétence de communication passe nécessairement par l'acquisition d'une compétence linguistique.

4. LA MÉTHODE AUDIO-ORALE

La méthode audio-orale a été créée au cours de la Seconde Guerre mondiale afin de répondre aux besoins de l'armée américaine désireuse de former des gens maitrisant diverses langues. On s'est alors adressé à l'un des linguistes les plus éminents de l'époque : Leonard Bloomfield. La «méthode de l'armée» qui en est résultée, fondée sur les principes à la fois de la linguistique structurale et de la psychologie behavioriste, a par la suite suscité un grand intérêt dans les milieux scolaires. Au milieu des années 1950, les bases de la méthode audio-orale étaient jetées.

Suivant les promoteurs de cette méthode, l'apprentissage d'une L2 est un processus qui relève de facteurs externes[3]. C'est pourquoi tout l'apprentissage repose sur une manipulation, sous la forme de stimuli, surtout oraux et visuels, de l'environnement externe. L'apprentissage est vu comme un processus mécanique de formation d'habitudes (et non comme un mécanisme de résolution de problèmes, par exemple). Pour être efficace, toute habitude doit devenir automatique; au besoin, même, on peut recourir au sur-apprentissage.

Étant donné que l'apprentissage d'une L2 est considéré comme l'acquisition d'un ensemble d'habitudes, sous la forme, surtout, d'automatismes syntaxiques, les promoteurs de la méthode audio-orale mettent alors au point la technique des exercices structuraux. Par exemple, pour faire saisir la règle d'usage du pronom *y* en français, différents exercices mécaniques du type stimulus-réponse sont proposés aux apprenants (la réponse est parfois suivie d'une phase de renforcement, sous la forme d'une approbation de la réponse correcte fournie). Pour faire saisir à l'apprenant que le pronom *y* peut se substituer à certains noms de lieux, on lui proposera un exercice structural du type suivant.

---

[3] Il est à noter que pareille croyance va totalement à l'encontre de l'un des présupposés majeurs des approches cognitives modernes qui considèrent maintenant qu'il s'agit d'abord et avant tout d'un mécanisme de construction mentale interne.

Exercice structural de substitution

Stimulus	Réponse
Elle va à Paris.	Elle y va.
Elle va à Montréal.	Elle y va.
Elle va à New York.	Elle y va.

La démarche d'apprentissage est donc essentiellement inductive, allant des cas particuliers aux généralisations, sans explicitation de la règle. Mais, ce qu'il importe surtout ici de faire ressortir est le fait que le processus privilégié est l'analogie, c'est-à-dire la perception de ressemblances entre divers phénomènes grammaticaux. L'analyse, chère aux tenants de la méthode grammaire-traduction, fait place à l'analogie. On croit que, grâce à l'analogie – et donc, grâce à un processus de généralisation – l'apprenant en arrivera à saisir, implicitement et inductivement, la règle sous-jacente aux cas présentés. Dans les cas où il y a formation de fausses analogies, c'est-à-dire lorsqu'une erreur est produite, celle-ci est vue comme la résultante d'une interférence de la L1. Comme l'erreur doit être évitée à tout prix, celle-ci doit nécessairement être corrigée, de manière à éviter la formation d'habitudes erronées. Dans cette perspective, on peut donc dire qu'il n'y a pas, à proprement parler, d'enseignement explicite de la grammaire dans la méthode audio-orale (bien que, dans certains manuels, on puisse trouver certains tableaux synthèses des éléments grammaticaux induits par un processus analogique). La grammaire est apprise inductivement, par analogie.

En conclusion de ce chapitre, qu'il nous soit permis de tirer quelques enseignements de ce trop bref survol historique. Tout d'abord, il se dégage des propos qui précèdent un certain paradoxe, celui de l'écriture. En effet, d'un côté, l'invention de l'écriture paraît avoir été une condition indispensable à la constitution, par les Grecs, d'une première grammaire (descriptive). Cela se reflète d'ailleurs dans le sens attribué au mot *grammaire*, alors synonyme de «figure» ou «lettre» (écrite, bien entendu). Autrement dit, c'est vraisemblablement l'écriture qui a permis de jeter un regard objectif sur la langue (en en faisant un objet observable et, donc, décorticable en unités distinctes, les parties du discours). Par ailleurs, par un curieux retournement historique des évènements, tout le poids de la tradition de la grammaire scolaire ou pédagogique parait provenir, précisément, de cette même écriture. En effet, comme le souligne Chervel (1981), tout porte à croire que c'est la nécessité de montrer à écrire aux enfants, de leur enseigner l'orthographe grammaticale, qui a conditionné tout le développement de la grammaire scolaire française. C'est ce qui fait que celle-ci a été tenue jusqu'ici relativement à l'écart des conceptions grammaticales élaborées par ailleurs par les linguistes – bien qu'avec des buts tout à fait différents.

De plus, en empruntant à l'enseignement du latin, alors devenu une langue morte, les façons d'enseigner une langue (le seul modèle alors disponible), la didactique des langues vivantes a, en quelque sorte, continué à porter tout le poids de l'écriture. En ce sens, l'avènement de la méthode directe, puis de la méthodologie SGAV, qui se situe dans ses prolongements, marque un tournant majeur dans l'histoire de la didactique des langues enseignées dans les écoles : commence alors à se poser la véritable question du rôle et de la place de la grammaire dans l'apprentissage d'une langue... orale. Tant qu'il s'agissait de montrer à écrire aux enfants une langue qu'ils maitrisaient déjà à l'oral, le rôle de la grammaire pouvait aller de soi. Mais, dans le cas de l'apprentissage d'une langue vivante (L2), il a fallu innover, chercher de nouvelles solutions, dont les réponses ont varié, comme on l'a vu, en fonction des croyances fondamentales et des convictions profondes de leurs auteurs : méthode directe, méthodologie SGAV et méthode audio-orale.

DEUXIÈME PARTIE

ESSAI DE SYNTHÈSE

CHAPITRE 2

GRAMMAIRE ET GRAMMAIRES

Compte tenu de l'évolution des conceptions de la grammaire au cours de l'histoire, le temps parait maintenant venu d'exposer ce que nous entendons par *grammaire*. Cela nous amènera à établir des distinctions qui permettront de mieux saisir les enjeux de l'apprentissage de la grammaire d'une L2. Nous serons alors en mesure de circonscrire notre champ d'étude en en faisant voir les limites. Abordant ensuite la grammaire sous l'angle didactique, nous soulèverons le problème de la place de la grammaire dans un programme ou cours de L2. Afin d'analyser les éléments clés du problème, nous recommanderons de recourir à la grille de Celce-Murcia (1985) légèrement remaniée. Puis, nous proposerons une typologie des grammaires, largement inspirée de la classification de Dirven (1990). Ce sont d'ailleurs les éléments de cette typologie qui servent de points de repère dans la formulation même des titres des chapitres subséquents. Nous terminerons ce chapitre par une explicitation de certains de nos présupposés fondamentaux, sous-jacents à l'ensemble de notre démarche.

A. LA DÉFINITION DE LA GRAMMAIRE

La grammaire sera définie ici, à l'instar de Besse (Besse et Porquier 1991), comme la connaissance intériorisée que possède l'usager d'une langue. Il s'agit d'une forme de compétence : la compétence grammaticale. Se représenter la grammaire comme une forme de connaissance intériorisée pose de prime abord toute la question du mode d'accès à ce type de connaissance. Là encore, tout comme Besse, nous croyons qu'il est primordial de faire la distinction entre la connaissance des aspects grammaticaux d'une langue et les tentatives de description ou de simulation qu'en font linguistes et didacticiens. Cela fait partie des ambiguïtés que renferme le terme de *grammaire*, tant en anglais qu'en français, en ce qu'il peut désigner tout autant une connaissance intériorisée (une compétence grammaticale) que la description ou la simulation de cette connaissance.

Par *description*, nous entendons «les résultats d'une démarche de catégorisation des unités de la langue et de mise en relation de ces catégories (ce sont les "parties du discours", leurs paradigmes morphologiques et les règles syntaxiques des approches traditionnelles, l'analyse en constituants et les "structures" des approches structurales, par exemple)» (Besse et Porquier 1991 : 16).

Quant à la *simulation* linguistique, elle est vue comme «la construction abstraite et hypothétique par laquelle on essaie de reproduire, de simuler, le mécanisme d'engendrement des phrases bien formées qu'on postule au sein d'une grammaire intériorisée donnée (c'est surtout le cas des travaux qui suivent l'approche générative et transformationnelle, laquelle prétend rendre compte explicitement de la "compétence" grammaticale du sujet parlant dans une langue donnée)» (Besse et Porquier 1991 : 16).

À cet égard, toute description ou simulation linguistique ne peut être qu'une approximation de la connaissance intériorisée de l'usager de langue : le portrait et son modèle ne sauraient totalement coïncider. Pour mieux comprendre de quoi il s'agit, nous pouvons regrouper les éléments de cette distinction dans le tableau suivant.

Tableau 1	
CONNAISSANCE GRAMMATICALE ET DESCRIPTION GRAMMATICALE	
USAGER DE LANGUE (L1)	LINGUISTE ET DIDACTICIEN
GRAMMAIRE = connaissance intériorisée (compétence grammaticale)	Description ou simulation grammaticale (explicitée)

Ainsi conçue, la grammaire ne peut être accessible qu'indirectement, par le biais de ses manifestations externes sous la forme d'une description ou d'une simulation, dans le cadre d'un ouvrage de référence, d'un programme de langue, d'un manuel, etc. Un livre de grammaire n'est rien d'autre que la manifestation externe, concrète, de la description ou de la simulation linguistique que fait un linguiste ou un didacticien visant à reproduire, tant bien que mal, la connaissance grammaticale intériorisée de l'usager de L1.

B. L'APPRENTISSAGE DE LA GRAMMAIRE D'UNE L2 : PROBLÉMATIQUE

Les distinctions qui précèdent sont cruciales pour mieux saisir la problématique de l'apprentissage de la grammaire d'une L2. En effet, dans cette perspective, apprendre la grammaire d'une L2 revient à tenter de maitriser tout d'abord un certain type de description/simulation (selon la théorie grammaticale ou linguistique sous-jacente) en vue d'en arriver à une intériorisation susceptible de faciliter un usage approprié de la langue. On n'apprend pas la grammaire pour apprendre la grammaire. Si on le fait, c'est pour acquérir une certaine compétence grammaticale, intérioriser une connaissance grammaticale en vue d'en arriver à utiliser adéquatement une langue.

Ceux qui, dans l'enseignement/apprentissage d'une L2, font explicitement référence à la grammaire estiment que la connaissance d'une certaine description de la L2 en facilite l'intériorisation et qu'une connaissance intériorisée (une compétence grammaticale) est nécessaire à l'usage d'une langue. Dans cette perspective, *enseigner* la grammaire signifie, entre autres activités, exposer les apprenants à un certain type de description/simulation ou la leur faire découvrir; *apprendre* la grammaire d'une L2 signifie se familiariser avec une certaine description/simulation de cette L2, en présumant que la connaissance d'une description/simulation pourra éventuellement conduire à la maitrise de l'usage de la L2 – en ne perdant jamais de vue que la description/simulation n'est toujours qu'une approximation d'un usage. Il y a là un présupposé qu'il importait d'expliciter.

La question fondamentale de l'apprentissage de la grammaire revient donc à se demander dans quelle mesure l'apprentissage d'une description/simulation, approximative, parait susceptible de conduire à la maitrise d'un certain usage (Besse et Porquier 1991 : 30). L'apprentissage de la description/simulation d'une langue, de la connaissance intériorisée d'un locuteur de L1 en fait, peut-il faciliter la maitrise de l'usage de cette langue, notamment à l'oral, dans le cas d'une L2?

Au cours de l'histoire, la nécessité de recourir à la grammaire pour montrer à écrire la L1 a généralement fait consensus, à quelques exceptions près. Les débats ont plutôt porté, en pédagogie de la L1, sur la manière de réaliser ce type d'enseignement. Pour l'apprentissage d'une L2, comme on l'a vu au cours du premier chapitre, les premières tentatives d'enseignement d'une langue vivante en milieu scolaire n'ont consisté qu'à s'inspirer du seul modèle alors disponible : la façon dont, traditionnellement, on enseignait le latin, une langue devenue morte. C'est ce type de transposition qui a entrainé d'importants débats : peut-on ou doit-on recourir à la grammaire pour acquérir ou faire acquérir les rudiments d'une langue vivante? Pour l'apprentissage de l'écrit, même d'une langue vivante, le recours à la grammaire n'a pas véritablement suscité de controverse au cours de l'histoire. Mais faut-il apprendre la grammaire pour maitriser les aspects oraux d'une langue vivante? Dans quelle mesure l'apprentissage d'une description ou simulation grammaticale favorise-t-il ou entrave-t-il l'intériorisation de la grammaire d'une L2? Telle est donc, ainsi que formulée par Besse, la problématique fondamentale de l'apprentissage de la grammaire d'une L2, que nous reprenons totalement à notre compte.

C. LE DOMAINE DE LA GRAMMAIRE

Après avoir ainsi défini la grammaire et identifié le problème fondamental de l'apprentissage de la grammaire d'une L2 (surtout à l'oral), la question qui se pose est maintenant celle de l'étendue de la connaissance intériorisée que tentent de décrire ou de simuler linguistes et didacticiens. Les descriptions ou simulations grammaticales portent-elles toujours sur les mêmes zones du savoir grammatical? Quoi inclure dans ce type de savoir? Quoi exclure?

1. LA CONCEPTION TRADITIONNELLE DE LA GRAMMAIRE : GRAMMAIRE = MORPHOLOGIE ET SYNTAXE

La question n'est pas oiseuse puisque les auteurs paraissent loin de s'entendre sur la délimitation de la grammaire, sur les limites de leur champ d'étude. Il faut dire qu'il y a quelques décennies, si nous avions eu à écrire un ouvrage sur la grammaire en didactique des langues, il aurait été relativement aisé de circonscrire notre objet d'étude. En effet, avant les années 1960, linguistes et didacticiens s'entendaient relativement bien sur le domaine à circonscrire : c'était l'ensemble des connaissances morphologiques et syntaxiques orales et écrites d'une langue. Les connaissances morphologiques portaient surtout sur la structure interne des mots (les terminaisons verbales, les suffixes, les préfixes, etc.) et les connaissances syntaxiques faisaient référence à l'organisation ou à l'ordre des mots dans la phrase *(Pierre bat Paul, Paul bat Pierre)*. Connaitre la grammaire d'une langue signifiait donc connaitre les règles morphologiques et syntaxiques de celle-ci (en français écrit, on met -s après un verbe à la deuxième personne du singulier, on fait s'accorder le verbe avec son sujet, on respecte les règles d'accord du participe passé, et ainsi de suite).

2. UNE CONCEPTION ÉLARGIE DE LA GRAMMAIRE : GRAMMAIRE = LINGUISTIQUE = LANGUE

Au début des années 1960, certains évènements se sont produits qui allaient peu à peu conduire à modifier considérablement cette conception plutôt étroite de la grammaire. L'un de ceux-ci a été la parution de *Syntactic Structures* en 1957, puis de *Aspects of the Theory of Syntax* en 1965, par Chomsky. Avec celui-ci, l'idée que l'on se faisait de la grammaire d'une langue a été considérablement ébranlée. Il s'en est suivi une modification terminologique. À partir du début des années 1960, la linguistique chomskyenne sera désignée comme la grammaire générative-transformationnelle, ce qui va contribuer à élargir le sens donné jusque-là au mot *grammaire* en le rendant plus ou moins synonyme de «linguistique». En effet, comme la grammaire générative-transformationnelle comporte trois composantes, dont une composante centrale (la syntaxe) et deux composantes périphériques (la phonologie et la sémantique), les phénomènes d'ordre morphologique vont désormais être réduits, traités à l'intérieur de la composante syntaxique. La grammaire devient équivalente de la linguistique et elle englobe la syntaxe, la phonologie et la sémantique.

Par ailleurs, au début des années 1970, un sociolinguiste américain, Dell Hymes, réagit contre la conception idéaliste de Chomsky pour qui la compétence linguistique est la capacité innée que possède un *locuteur-auditeur idéal* de comprendre et de produire des énoncés jamais entendus auparavant. Hymes reproche surtout à Chomsky de ne pas tenir compte des situations de communication concrètes dans lesquelles toute langue s'utilise, c'est-à-dire des *règles d'emploi* de la langue qui varient précisément selon les situations. Afin de bien mettre en évidence cette perspective sociolinguistique, Hymes propose de recourir au concept de *compétence de communication*, comprenant non seulement les connaissances d'ordre proprement grammatical, mais également la connaissance des règles d'emploi que possèdent les locuteurs d'une langue donnée (nous expliciterons un peu plus loin dans le chapitre cette importante distinction).

Les répercussions des débats de cette nature sur la didactique des langues ont été considérables, sans compter que se produit, vers la même époque et dans d'autres milieux, un foisonnement d'idées qui allaient également influencer la didactique des langues[1]. Un aboutissement de ces discussions est la publication, en 1980, d'un article de Canale et Swain visant à définir ce qu'il faut entendre par *compétence de communication* : que signifie être compétent lorsque l'on communique à l'aide de la langue? Depuis, de nombreux auteurs en didactique des langues s'entendent pour considérer que toute compétence de communication est constituée des quatre composantes suivantes :

— une composante *grammaticale*, comprenant la connaissance du vocabulaire, des règles de la formation des

---

[1] Pour une brève présentation de l'évolution des idées et des évènements qui ont peu à peu conduit à l'avènement d'une approche communicative, voir Germain 1993b.

mots, de la prononciation, de l'épellation et de la formation des phrases, ce que certains désignent comme la connaissance du code linguistique;

— une composante *sociolinguistique*, comprenant la connaissance des règles socioculturelles qui permettent d'interpréter la signification sociale des énoncés;

— une composante *discursive*, comprenant la connaissance des règles de cohésion, c'est-à-dire des liens entre phrases ou entre parties de phrases (l'emploi correct des pronoms comme *elle* qui renvoie à *Mireille* dans l'énoncé *Mireille vient de téléphoner, elle va beaucoup mieux maintenant*) et des règles de cohérence portant sur les liens de sens entre énoncés, sans présence de marques linguistiques formelles *(Qu'est-ce qui se passe? C'est un accident grave? – Je viens d'arriver)*;

— une composante *stratégique*, comprenant les mécanismes de compensation qu'utilisent les locuteurs pour contourner les ratés de la communication, les oublis de mots, etc. (le recours à la paraphrase *l'endroit où on met de l'essence dans les voitures* pour désigner la *station-service*).

L'inconvénient de la nomenclature de Canale et Swain est qu'elle contribue à ajouter à la confusion, en didactique des langues, quant au sens à donner au mot *grammaire* qui devient alors plus ou moins synonyme de «linguistique», à l'instar de Chomsky. On peut trouver un écho de cette pratique, par exemple, dans le document *Syllabus langue* (Painchaud 1990), élaboré dans le cadre de l'Étude nationale sur les programmes de français de base (LeBlanc 1990), qui a donné naissance au curriculum multidimensionnel fondé sur les conceptions de Stern : la grammaire «concerne principalement les éléments systémiques de la langue, soit les règles de prononciation et de construction des phrases (phonologie et morphosyntaxe)» (Painchaud 1990 : 21). Nous estimons que le fait d'englober dans la grammaire la composante phonologique ne peut que contribuer à atténuer la portée de cette dernière. Nous ne souscrivons donc pas à cet objet de la description grammaticale.

3. UNE CONCEPTION RELATIVEMENT ÉLARGIE DE LA GRAMMAIRE : GRAMMAIRE = RÈGLES D'USAGE ET RÈGLES D'EMPLOI

Pour notre part, nous croyons préférable de recourir à l'expression *composante linguistique* plutôt que *composante grammaticale* pour désigner la connaissance des aspects phonologiques, morphologiques, syntaxiques et lexicaux d'une langue, en réservant l'expression *composante grammaticale* à deux types spécifiques de phénomènes bien connus en didactique des langues : règles d'usage (en anglais *usage*) et règles d'emploi (en anglais *use*) (Widdowson 1980).

Les règles d'usage

Le premier phénomène comprend la connaissance des règles d'usage, c'est-à-dire des règles de la morphologie et de la syntaxe d'une langue, sans pour autant éliminer totalement certains aspects sémantiques, dans la mesure où une langue sert à communiquer ou à exprimer un certain sens étroitement relié à la morphosyntaxe. C'est la connaissance des règles d'usage d'une langue qui permet de produire des énoncés bien formés grammaticalement. Par exemple, *Le livre est sur la table* est un énoncé grammaticalement correct en ce qu'il respecte les règles d'accord ainsi que l'ordre des mots de la langue française. Dans la terminologie de Widdowson, on dira que cet énoncé respecte les règles d'usage de la langue, ce qui présuppose une maitrise du système abstrait de la langue (au moins en ce qui touche certaines règles d'accord et l'ordre des mots).

Les règles d'emploi

Mais, pour pouvoir communiquer à l'aide d'une langue, précise Widdowson, ce type de connaissance, bien que nécessaire, n'est pas suffisant. Il faut, en plus, que l'énoncé soit approprié au contexte linguistique (dans certains cas, il serait inapproprié de répondre à une question par une phrase complète) et à la situation de communication en tenant compte des caractéristiques du locuteur, de son statut social, du registre de langue utilisé, etc. C'est ce que bon nombre de linguistes appliqués ou de didacticiens désignent comme les règles d'emploi d'un langue. Ces règles englobent, selon nous, la composante discursive : règles de cohésion à l'aide de marques linguistiques formelles et règles de cohérence, d'ordre sémantique.

Les règles d'usage et les règles d'emploi

Nous estimons donc, à l'instar de nombreux auteurs contemporains, qu'acquérir une langue consiste non seulement à comprendre et à produire des énoncés grammaticalement corrects (dans le sens traditionnel de conformité aux règles de la morphologie et de la syntaxe) grâce à la connaissance des règles d'usage, mais aussi à maitriser les règles d'emploi de manière à ce que les énoncés soient appropriés à l'intention et à la situation de communication. Pour nous, la connaissance des règles d'emploi d'une langue autant que de ses règles d'usage fait partie de la connaissance intériorisée de la grammaire d'une langue. En ce sens, règles d'usage et règles d'emploi devraient toujours aller de pair, même si tel n'a pas toujours été le cas en didactique des langues.

En effet, on a cru pendant longtemps que la simple connaissance des règles d'usage d'une langue était une condition nécessaire *et suffisante* pour maitriser une L2. Les premières années de l'approche communicative ont cependant connu l'excès contraire. De nos jours, tout porte à croire que les règles d'usage et d'emploi d'une langue sont, toutes les deux, nécessaires et, espère-t-on, *suffisantes*. C'est pourquoi on assiste depuis quelques années, dans le cadre de l'approche communicative, à une réintroduction des règles d'usage dans les milieux où elles en avaient été pratiquement bannies au seul profit des règles d'emploi.

Ainsi, contrairement à la conception de certains didacticiens dont la terminologie se situe dans le sillage de la grammaire chomskyenne, le terme de *grammaire*, pour nous, ne saurait être synonyme de «langue» : ne font pas partie du domaine de la grammaire les phénomènes d'ordre phonologique ou d'ordre lexical en tant que tels (à moins que ces phénomènes ne soient reliés de très près à des phénomènes d'ordre morphosyntaxique). Nous optons pour une conception relativement élargie de la grammaire, qui comprend la connaissance à la fois des règles d'usage (structures grammaticales, aspects morphologiques et syntaxiques) et des règles d'emploi (règles ou conventions d'une utilisation appropriée à l'intention et à la situation de communication). Enseigner la langue ne saurait donc être synonyme d'enseigner la grammaire, celle-ci n'étant qu'une des composantes de la langue.

D. LA PLACE DE LA GRAMMAIRE DANS UN COURS DE L2 : LA GRILLE DE CELCE-MURCIA

Du point de vue de la didactique, un des problèmes majeurs qui se pose dès qu'il est question de grammaire est celui de la place que doit occuper celle-ci dans un programme ou dans un cours de L2. Quelle importance faut-il accorder à la grammaire d'une L2, en milieu scolaire? Tout dépend surtout des apprenants, des objectifs et de l'institution. Qu'est-ce à dire? Nous inspirant de la position de Celce-Murcia (1985) – que nous appliquerons à notre contexte en nous inspirant de l'adaptation de Desmarais et Duplantie (1986) – nous estimons qu'on ne saurait répondre à la question sans tout d'abord tenir compte des caractéristiques des principaux intéressés, les apprenants : notamment leur style d'apprentissage, leur âge, leur niveau de connaissance et leur niveau de scolarité *(voir tableau 2)*.

Tableau 2

GRILLE DE CELCE-MURCIA REMANIÉE

Variables	Accent sur la forme Moins important------------------------Plus important		
1. Apprenant			
Style d'apprentissage	holistique	mixte	analytique
Âge	enfant	adolescent	adulte
Niveau de connaissance	débutant	intermédiaire	avancé
Niveau de scolarité	très bas	moyen	élevé
Autres			
2. Objectifs			
Habiletés à développer	compréhension (à l'oral et à l'écrit)	production à l'oral	production à l'écrit
Registres de langue	informel	familier correct	soutenu

Besoins langagiers	immédiats, pour un niveau-seuil de communication	scolaires, à long terme	professionnels
Autres			
3. Institution			

Source : Celce-Murcia 1985 : 298; Desmarais et Duplantie 1986 : 54.

1. L'APPRENANT

La question des styles d'apprentissage, qui a connu un regain d'intérêt au cours des quinze dernières années, se pose avec acuité. Par exemple, si la majorité des apprenants de la classe parait, à l'expérience, fonctionner de façon plutôt holistique qu'analytique, il convient alors d'accorder un peu moins d'importance aux aspects formels ou analytiques de la langue enseignée et vice-versa.

L'âge des apprenants est un autre facteur non négligeable. Il est bien évident qu'il ne saurait être question d'enseignement grammatical pour des apprenants en très bas âge. Pourtant, même si cela parait aller de soi, dans les écrits sur la grammaire, la question est le plus souvent abordée de manière absolue, comme si l'âge des apprenants n'entrait nullement en ligne de compte. Il est possible qu'il faille accorder de plus en plus d'importance à la grammaire à mesure que les apprenants avancent en âge bien qu'il faille considérer, en pareil cas, d'autres facteurs. Il est fort probable que l'apprentissage de la grammaire en termes de règles abstraites – décontextualisées – soit une question reliée avant tout à l'âge de l'apprenant : plus l'apprenant est jeune, moins il est en mesure de comprendre les règles ou de vraiment les intérioriser. Par exemple, il semble que seuls les jeunes en phase prépubertaire qui ont des contacts fréquents et réels avec des locuteurs natifs puissent en arriver, sans enseignement formel de la grammaire, à un niveau acceptable d'apprentissage de la L2 en termes de précision *(accuracy)* et d'aisance *(fluency)* d'une L2. Par ailleurs, les adolescents en phase postpubertaire, ainsi que les adultes, ont besoin, en règle générale, d'accorder de l'importance aux aspects formels de la langue; sinon, il en résulte une interlangue incomplète et imprécise, faite de transferts venant de la L1, de simplifications, de surgénéralisations et de règles de formation erronées. De plus, les adultes qui ne reçoivent aucun enseignement grammatical formel en début d'apprentissage ne réussissent à peu près jamais, à ce qu'il semble, à atteindre un niveau élevé de compétence en L2. Ils peuvent être à l'aise en L2, mais atteignent un plateau correspondant au niveau intermédiaire ou intermédiaire faible pour ce qui touche leur développement grammatical, de sorte qu'ils ne peuvent plus faire de progrès, même s'ils reçoivent, par la suite, un enseignement grammatical formel.

Parmi les autres dimensions qui doivent entrer en ligne de compte, il y a certes le niveau de connaissance des apprenants. Avec certains débutants, il se peut que les besoins en grammaire soient très grands; mais dans certains autres contextes, cela pourrait être l'inverse.

La question du degré de scolarité joue également un rôle lorsqu'il s'agit de s'interroger sur l'importance relative à accorder à la grammaire. C'est ainsi que les enfants d'immigrants peuvent en arriver à maitriser une L2, dans les aspects interpersonnels oraux, en quelques années. Mais il leur faut entre sept et dix ans pour en arriver à maitriser la L2 à l'égal des locuteurs natifs à des fins scolaires, notamment la langue écrite. Dans cette même veine, il est fort probable que plus les apprenants ont un degré élevé de scolarité, plus ils réclameront eux-mêmes de grammaire, et vice-versa. La question est d'ailleurs liée au type de scolarité reçue : avec des apprenants qui, au cours de leur scolarisation en L1, ont été entrainés à un enseignement du type analytique, il convient vraisemblablement d'accorder plus d'importance aux aspects formels de la langue.

2. LES OBJECTIFS ET L'INSTITUTION

Mais il n'y a pas que la variable apprenant qui doit être prise en compte. Il faut également examiner les objectifs du cours ou du programme. Par exemple, quelles sont les habiletés à développer? Quelles sont les connaissances à faire apprendre? L'importance accordée aux aspects formels de la langue pourra être plus grande s'il s'agit de développer des habiletés de production, tant à l'oral qu'à l'écrit, plutôt que de compréhension. Toutefois, il convient, en même temps, de se pencher sur le type de registres de langue à développer. S'agit-il, par exemple, de travailler surtout un registre soutenu – auquel cas il faudrait certainement accorder plus d'importance à la grammaire – ou s'agit-il, à l'inverse, de s'attarder davantage à un registre informel de langue, surtout à l'oral?

Comme le suggère Celce-Murcia (1985), une prise en compte des besoins langagiers des apprenants s'impose également. Le traitement grammatical, en classe de langue, sera fonction du type de besoins langagiers identifiés au préalable : l'importance ne saurait être la même, selon qu'il s'agit de viser à répondre à des besoins immédiats pour un niveau-seuil de communication ou, à l'autre extrême, à des besoins professionnels à long terme. À cette double catégorie de variables, les apprenants et les objectifs, il convient d'ajouter une troisième catégorie : les caractéristiques de l'institution, liées à une certaine tradition scolaire.

Quoi qu'il en soit, s'il n'y a pas de réponse absolue à la question de l'importance ou de la place de la grammaire, c'est qu'il s'agit d'une question à plusieurs facettes. La réponse ne peut que varier en fonction de la prise en compte d'un ensemble de facteurs. Mais, ce qui complique davantage le problème, c'est qu'on ne sait toujours pas, parmi l'ensemble des facteurs qui viennent d'être examinés (âge, niveau de scolarité, registres de langue, etc.), quels sont ceux qui sont les plus importants. Quel est le poids relatif de chacun? Les besoins langagiers sont-ils plus importants, moins importants ou aussi importants que l'âge des apprenants par exemple, ou que leur niveau de scolarité? Lequel ou lesquels faut-il favoriser? La recherche en didactique des langues n'est malheureusement pas suffisamment avancée pour permettre de se prononcer sur la question.

E. LES TYPES DE GRAMMAIRES

Telle qu'énoncée antérieurement, la problématique de l'apprentissage de la grammaire d'une L2 laisse entendre qu'il importe de faire la distinction entre deux plans : celui de la connaissance intériorisée d'une langue et celui de la description/simulation de cette connaissance intériorisée ou compétence grammaticale. C'est l'examen un peu plus approfondi de ces deux réalités et de leurs relations qui va nous entrainer vers l'établissement de nouvelles distinctions : des distinctions entre des types de grammaires. À cette fin, nous exposerons la typologie des grammaires de Dirven (1990) que nous endossons quant à l'essentiel mais que nous serons amenés à modifier quelque peu et à compléter.

1. LA CLASSIFICATION DE DIRVEN

Selon Dirven, en tant qu'expression générale, *grammaire pédagogique* sert à désigner toute description centrée sur l'apprenant ou l'enseignant, ou toute présentation d'un ensemble de règles de L2, visant à soutenir et à guider le processus d'apprentissage dans l'acquisition de cette langue (Dirven 1990 : 1). Partant de cette définition globale, il esquisse un tableau synthèse, sous la forme d'une structure arborescente, des principales catégories de la grammaire *(voir tableau 3)*.

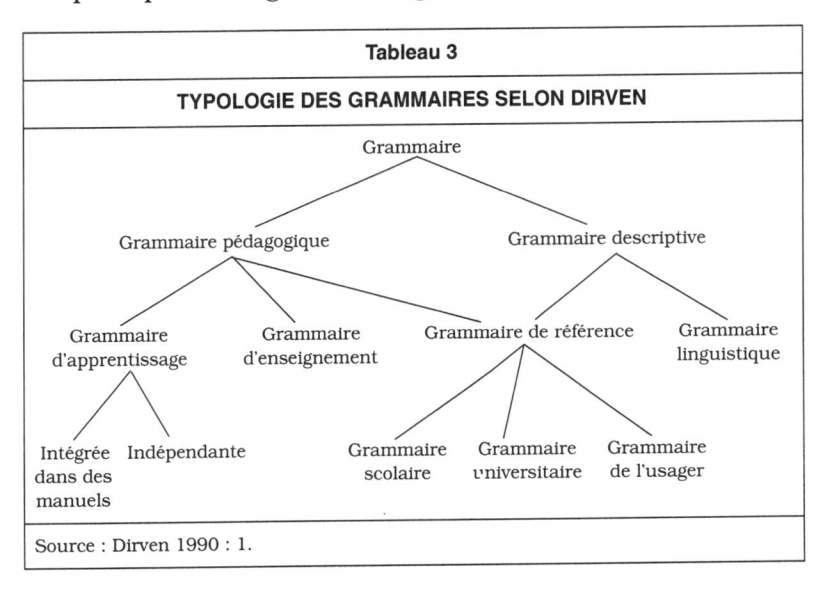

Tableau 3
TYPOLOGIE DES GRAMMAIRES SELON DIRVEN

```
                              Grammaire
                             /         \
              Grammaire pédagogique     Grammaire descriptive
             /         |                   /              \
   Grammaire      Grammaire      Grammaire de référence    Grammaire
 d'apprentissage  d'enseignement    /    |      \         linguistique
    /      \                   Grammaire Grammaire Grammaire
Intégrée Indépendante          scolaire universitaire de l'usager
dans des
manuels
```

Source : Dirven 1990 : 1.

Un des grands mérites de la classification de Dirven est de bien mettre en lumière le fait qu'il existe plusieurs types de grammaires, qu'il faut situer sur des plans différents.

2. UNE PROPOSITION DE CLASSIFICATION

Nous endossons totalement, quant à l'essentiel, la typologie des grammaires de Dirven. Toutefois, sur certains aspects, nous estimons qu'elle doit être modifiée et complétée *(voir tableau 4)*. Il convient de signaler que ce besoin de complément et de modification provient vraisemblablement du fait que la conception que se fait Dirven de la grammaire, définie comme un ensemble de règles, sans plus, n'est pas identique à la nôtre puisque nous mettons l'accent, d'une part, sur l'aspect de la compétence, ou connaissance grammaticale intériorisée, et, d'autre part, sur la nécessité de tenir compte autant des règles d'emploi dans une situation donnée que des règles d'usage.

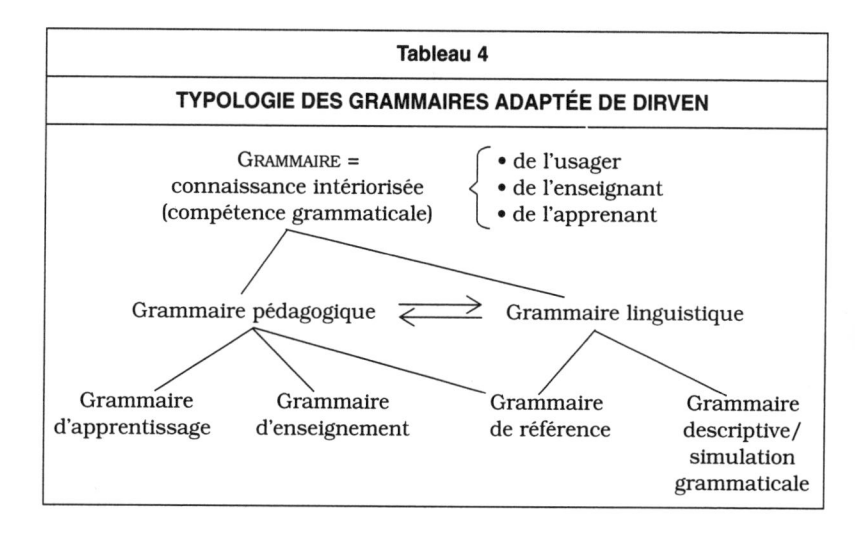

Tableau 4

TYPOLOGIE DES GRAMMAIRES ADAPTÉE DE DIRVEN

GRAMMAIRE = connaissance intériorisée (compétence grammaticale)
- de l'usager
- de l'enseignant
- de l'apprenant

Grammaire pédagogique ⇌ Grammaire linguistique

- Grammaire d'apprentissage
- Grammaire d'enseignement
- Grammaire de référence
- Grammaire descriptive/ simulation grammaticale

Le point de vue des personnes impliquées

Si la classification de Dirven, conformément à sa définition, a le mérite de faire état d'une grammaire d'apprentissage (sous la forme d'un manuel, par exemple) et d'une grammaire d'enseignement (dont il nous dit, cependant, très peu de choses), elle passe pratiquement sous silence les catégories différentes de personnes impliquées, c'est-à-dire tout ce qui touche, par exemple, à ce qu'on pourrait appeler la grammaire de l'usager, la grammaire de l'enseignant et la grammaire de l'apprenant (distinctions qui découlent de notre définition).

Grammaire de l'usager

La grammaire de l'usager est la connaissance intériorisée que possède tout locuteur d'une langue, habituellement sa L1. Cette catégorie est importante puisque, suivant notre définition de la grammaire, c'est à la grammaire de l'usager de L1 que l'on fait continuellement référence lorsqu'il est question de l'apprentissage d'une L2 : l'apprenant de L2 vise en effet à intérioriser la connaissance grammaticale qui correspond à la grammaire des usagers d'une certaine L1. C'est, en somme, ce qui est visé dans l'apprentissage d'une L2.

Grammaire de l'enseignant

La grammaire de l'enseignant renvoie au degré de connaissance que possède celui-ci de la grammaire, en tant que connaissance intériorisée, de la langue enseignée. On peut distinguer deux cas : d'une part, l'enseignant qui enseigne, comme L2, sa propre L1 et, d'autre part, l'enseignant qui enseigne, comme L2, sa L2. Dans le premier cas, la grammaire de l'enseignant se confond avec la grammaire de l'usager de L1; dans le second cas, la grammaire de l'enseignant renvoie à son interlangue, c'est-à-dire l'état de développement de sa grammaire de L2, son degré de connaissance ou de maitrise des aspects grammaticaux.

Grammaire de l'apprenant

La grammaire de l'apprenant désigne l'état de développement de l'interlangue grammaticale de celui-ci, son degré de compétence grammaticale. Les connaissances n'étant pas statiques, dans tous ces cas il s'agit d'un processus ou d'un développement en constante évolution[2].

---

[2] Bien entendu, on pourrait poursuivre avec la grammaire du linguiste (qu'il ne faudrait donc pas confondre avec une grammaire linguistique), c'est-à-dire l'état de développement de sa connaissance intériorisée de la grammaire, mais cela nous parait peu pertinent puisqu'il ne sera pas question, dans cet ouvrage-ci, du recours à l'intuition du linguiste.

Du point de vue des manifestations externes de la compétence grammaticale de l'usager, nous reprenons à notre compte la distinction de Dirven entre ce qui relève du descriptif et du pédagogique, à une nuance près. En effet, nous croyons qu'il serait trop restrictif ou réducteur d'opposer grammaire pédagogique et grammaire descriptive, pour deux raisons. La première, c'est qu'une grammaire pédagogique, telle qu'intégrée dans un manuel ou dans un programme de langue, est en très grande partie elle-même descriptive (en plus d'être prescriptive). La deuxième, c'est qu'avec l'avènement des modèles linguistiques récents, il s'agit moins de descriptions grammaticales en tant que telles que de simulations grammaticales. Pour ces motifs, nous remplaçons donc, dans notre version de la typologie de Dirven, l'expression *grammaire descriptive* par *grammaire linguistique* et, bien entendu, nous remplaçons également l'expression *grammaire linguistique*, au plan suivant, par la double expression *grammaire descriptive/ simulation grammaticale*, qui nous parait plus juste.

Quant aux distinctions qui figurent au dernier niveau de la typologie de Dirven, nous croyons préférable d'en faire l'économie dans notre tableau puisque les critères permettant d'apporter ce genre de distinctions nous paraissent être d'ordre pratique et donc, différent. De toute manière, les critères de distinctions, non explicités par Dirven, seraient vraisemblablement beaucoup trop flous pour être utilisables, ce qui ne nous empêchera pas de faire état, à l'occasion, de manuels de grammaire, de programmes de grammaire, etc., même si ces entités ne figurent pas, en tant que telles, dans la typologie. C'est pourquoi nous laisserons de côté tout ce qui correspond au dernier niveau de la typologie de Dirven pour nous en tenir, dans notre classification, à des plans plus généraux.

La représentation grammaticale

Il n'est nullement question, dans la typologie de Dirven, de toute une dimension pourtant cruciale, à notre avis, lorsque l'on traite d'enseignement/apprentissage : la représentation. Dans le cas particulier de l'enseignement/apprentissage de la grammaire, il sera donc question de représentation grammaticale. De quoi s'agit-il? Au cours des dernières années, les nombreux chercheurs qui étudient tout ce qui touche l'enseignement/apprentissage de quelque matière que ce soit s'intéressent particulièrement aux représentations des enseignants. Le concept de représentation est, à l'heure actuelle, un concept clé de la recherche en éducation mais, comme tout terme fréquent, les définitions sont multiples et les auteurs ne s'entendent malheureusement pas sur son sens précis. En dépit du vague et de l'imprécision de ce concept, nous croyons quand même utile d'en faire ici état car il reflète une importante réalité, dont on tient trop rarement compte en didactique des langues et, en particulier, lorsqu'il est question d'enseignement/apprentissage de la grammaire.

Il s'agit des théories implicites des enseignants touchant, par exemple, la grammaire, ou encore leur conception – comme on disait souvent autrefois sans plus de précision – de la grammaire. De nombreux chercheurs croient, en effet, que c'est la représentation que l'on se fait d'un objet ou d'une action (la grammaire, par exemple, ou son enseignement) qui expliquerait notre conduite à l'égard de cet objet ou de cette action. Les représentations de l'enseignant sont ses modèles d'action. Sur un plan plus général, c'est toute la question des rapports, voire de l'interaction, entre la pensée et l'action qui est soulevée : dans quelle mesure la pensée conditionne-t-elle ou gouverne-t-elle l'action? Y a-t-il une relation entre la pratique d'un enseignant de langue et la pensée de cet enseignant au sujet de la grammaire, par exemple?

La plupart des auteurs qui s'intéressent aux relations entre la pensée et l'action supposent qu'il existe, en effet, un rapport entre les deux mais il se pourrait que, contrairement à une croyance du sens commun, la pensée n'agisse pas directement sur les pratiques mais bien par l'intermédiaire de l'attitude. Bref la question est complexe et, sans vouloir entrer dans les détails, contentons-nous de signaler que le concept de représentation sera pris ici comme synonyme, grosso modo, de la pensée mise en relation avec une action pratique, en l'occurrence : enseigner. En ce sens, *représentation* renvoie autant aux savoirs, aux conceptions de base, aux croyances et aux modèles d'action qu'aux théories implicites sur la grammaire de l'enseignant, de l'apprenant, du didacticien, du linguiste ou de l'usager ordinaire.

On ne saurait donc, vu l'importance de la question, faire l'économie du concept de représentation grammaticale des enseignants dans un ouvrage qui vise à faire le point sur la grammaire en didactique des langues. En d'autres termes, il nous faudra examiner (ce que nous ferons au chapitre 9) la représentation grammaticale de l'enseignant, c'est-à-dire l'idée que celui-ci se fait de la grammaire, d'une règle grammaticale, des buts de l'enseignement de la grammaire, de la façon d'enseigner la grammaire, de la façon dont la grammaire peut être apprise, et ainsi de suite.

Idéalement, il nous faudrait également prendre en compte, pour dresser un bilan plus complet, la représentation grammaticale de l'apprenant, c'est-à-dire l'idée que se fait celui-ci de la grammaire, de la nature d'une règle grammaticale, des finalités de l'apprentissage de la grammaire, de la façon de l'apprendre, de la manière dont elle devrait être enseignée, et ainsi de suite. Toutefois, pour cela, il nous aurait fallu, soit disposer d'études faisant état de l'idée que certains apprenants de L2 se font de l'apprentissage de la langue et, plus particulièrement, de la grammaire d'une L2 – mais nous n'en connaissons pas –, soit procéder nous-mêmes à pareille enquête – ce que nous n'avons pu réaliser malheureusement pour des raisons d'ordre pratique et méthodologique.

Les particularités de notre classification

Ces précisions étant faites, nous pouvons maintenant attirer l'attention sur quelques-unes des particularités de notre typologie : grammaire d'enseignement, grammaire d'apprentissage, grammaire de référence, grammaire linguistique et grammaire pédagogique.

Grammaire d'enseignement

Une grammaire d'enseignement est un produit sous la forme de propositions ou de suggestions pédagogiques en vue de présenter la grammaire; une grammaire d'enseignement se présente le plus souvent sous la forme des recommandations contenues soit dans un guide du maitre, soit dans un programme (institutionnel) de langue. Dans ce cas-ci, ce sont les principes de sélection et de progression grammaticales qui constituent le coeur de la grammaire d'enseignement (nous en traiterons au chapitre 5). Il ne faut pas la confondre avec la grammaire de l'enseignant, telle que définie précédemment.

Grammaire d'apprentissage

Une grammaire d'apprentissage, en tant que produit concret destiné à être directement utilisé par l'apprenant (sous la forme d'un manuel ou d'un ouvrage indépendant orienté vers l'apprentissage de la grammaire), nous parait devoir être distinguée de la grammaire de l'apprenant, conçue comme l'état de développement de son interlangue grammaticale.

Grammaire de référence

Une grammaire de référence est un ouvrage de base qui vise à présenter la grammaire d'une langue soit de manière prescriptive, soit de manière descriptive, soit les deux; elle se situe donc au point de jonction entre la grammaire pédagogique et la grammaire linguistique. Par son caractère prescriptif, on dira que la grammaire de référence fait partie de la grammaire pédagogique; par sa nature exclusivement descriptive, elle relève plutôt de la grammaire linguistique, bien que les frontières soient parfois assez floues entre les deux types puisqu'une grammaire de référence peut être à la fois prescriptive et descriptive : on dira alors, dans ce dernier cas, que la grammaire de référence fait partie de la grammaire pédagogique.

Grammaire linguistique

Quant à la grammaire linguistique, elle comprend, d'un côté, les grammaires de référence à caractère non normatif et, de l'autre, les ouvrages scientifiques écrits le plus souvent dans un langage technique servant ou à décrire de la manière la plus exhaustive qui soit (sans visée normative) la connaissance intériorisée d'un usager de langue ou à en proposer un modèle abstrait. La différence essentielle entre une grammaire pédagogique et une grammaire linguistique tient (comme nous le verrons plus en détail au chapitre 4) à leurs buts respectifs : alors que la première décrit, le plus souvent de manière sélective, la compétence grammaticale d'un certain usage de la langue en vue d'en faciliter l'apprentissage, la seconde décrit ou simule cette compétence en vue d'en proposer une explication scientifique, la plus exhaustive qui soit[3], sans visée pratique.

Grammaire pédagogique

En tant que produit, une grammaire pédagogique renvoie aux manifestations concrètes de la compétence grammaticale de l'usager de langue, telles que perçues par le didacticien (par l'entremise, le plus souvent, d'une grammaire linguistique). Elle se présente alors sous la forme d'un ensemble de directi-

---

[3] Mais sans jamais atteindre l'exhaustivité, qui est une impossibilité épistémologique (comme on le verra à la fin de ce chapitre).

ves pédagogiques, d'un programme grammatical (s'adressant à l'enseignant, il s'agit alors d'une grammaire d'enseignement), ou d'un ouvrage de référence ou manuel (il s'agit alors d'une grammaire d'apprentissage, destinée d'abord et avant tout à l'apprenant).

Tout ce qui concerne le processus même de l'enseignement de la grammaire en classe de langue sera considéré, compte tenu de notre définition de la grammaire, comme faisant partie, non pas de la grammaire d'enseignement, mais bien de l'enseignement de la grammaire. L'enseignement de la grammaire fait donc référence à la grammaire telle qu'elle se constitue en salle de classe dans l'interaction entre l'enseignant et l'apprenant, au processus d'interaction entre enseignant et apprenants en salle de classe à propos des questions d'ordre grammatical, ou encore, au langage utilisé par l'enseignant au moment d'enseigner la grammaire, ainsi qu'aux techniques proprement dites d'enseignement de la grammaire et aux types d'exercices ou activités grammaticales proposés par l'enseignant (la plupart des questions concernant l'enseignement de la grammaire ainsi défini seront abordées aux chapitres 7 et 8).

On ne saurait passer sous silence les nombreuses interactions entre chacun de ces types de grammaires. Par exemple, il va de soi qu'une grammaire d'apprentissage, sous la forme d'un manuel utilisé en classe, n'est pas totalement étrangère à la grammaire d'enseignement, en tant que contenu grammatical à présenter en classe par l'enseignant. Également, toute grammaire d'apprentissage sous la forme d'un manuel repose, en très grande partie, sur une grammaire de référence (descriptive ou descriptive/prescriptive) ou sur une grammaire linguistique (proprement descriptive ou sous la forme d'une simulation grammaticale). Il y a donc une série de ponts entre une grammaire pédagogique (à visée essentiellement prescriptive, ayant en vue l'enseignement/apprentissage d'une langue) et une grammaire linguistique (non prescriptive ou non normative). Vue l'importance que nous accordons au phénomène de l'interaction entre les types de grammaires, nous avons cru utile d'en faire état dans notre propre tableau typologique *(voir tableau 4)*, sous la forme des doubles flèches orientées vers la gauche et vers la droite – interaction qui n'est reflétée nulle part dans le tableau de Dirven, bien que le phénomène soit brièvement mentionné dans le corps même de son article.

Une grammaire pédagogique renverra donc ici aux manifestations concrètes, relativement stables, de la connaissance intériorisée de l'usager de langue (L1), qui se présentent sous la forme d'un manuel, d'un programme de langue, de recommandations pédagogiques ou d'un ouvrage de référence à caractère descriptif/prescriptif, ayant en vue l'apprentissage de la grammaire d'une langue.

F. UNE PERSPECTIVE ÉPISTÉMOLOGIQUE

Ces distinctions, qui paraissent peut-être aller de soi une fois qu'elles ont été signalées, soulèvent cependant un problème d'ordre épistémologique[4]. En effet, il n'est pas rare d'entendre dire par un usager, ou même par un enseignant de langue, qu'«une grammaire, c'est une grammaire!». Si tel était le cas, comment alors expliquer qu'il existe tant de grammaires linguistiques (descriptions ou simulations grammaticales) différentes ou tant de grammaires pédagogiques différentes (de quelque type que ce soit)? Comment peut-il exister des grammaires différentes si le but est de décrire une seule et même langue?

---

[4] L'épistémologie des sciences est la discipline, relevant de la philosophie, qui s'intéresse à la nature, au fonctionnement et à l'évolution de la connaissance dite scientifique (par opposition à la connaissance non scientifique).

Toute observation ou simulation linguistique ne prend en compte qu'une partie du réel, en laissant nécessairement de côté certains aspects langagiers, considérés comme non normatifs ou déviants, ou comme des variantes régionales ou individuelles, ou comme des archaïsmes. Il y a un écart considérable entre le français tel que parlé réellement, dans la vie de tous les jours, et le français tel que décrit par un linguiste ou un didacticien. Tout dépend du point de vue de l'observateur. Toute description/simulation d'un usage, avec ou sans visée pédagogique, n'est toujours qu'une approximation, à des degrés divers, d'un certain usage.

Mais, qu'il s'agisse d'une description (prescriptive ou non) ou d'une simulation grammaticale, il reste qu'aucune observation n'est vraiment naïve. Même dans une grammaire apparemment purement descriptive, il y a réduction du réel, processus d'abstraction. Par exemple, le fait de dire que *le*, *la* et *les* appartiennent à une même classe est un processus d'abstraction qui met en jeu beaucoup plus qu'une simple opération de classification. Pareille procédure implique une mise en relations avec d'autres classes d'unités, et ce type de relations n'est pas une donnée directement observable.

Même les parties du discours, qui ont parfois l'air d'une évidence, n'ont rien d'évident. À preuve, la variation de leur nombre et de leur nature au cours de l'histoire. Il ne s'agit pas de données immédiates ou incontestables, mais bien d'entités conventionnelles qui, à force d'usage, ont fini par nous faire oublier leur caractère construit et hypothétique. Les parties du discours, tout comme la conjugaison verbale, sont des données conventionnelles qui relèvent d'une certaine tradition culturelle et philosophique. La description traditionnelle du verbe français, par exemple, parait beaucoup plus conforme au modèle théorique dont elle est issue qu'à l'usage dont elle prétend rendre compte : «Elle [la description traditionnelle du verbe français] ne se borne pas à reproduire le réel langagier, elle le reconstruit selon sa propre logique et ses propres présupposés (si dans les tables de conjugaisons il n'y avait pas de "case" impératif, les formes étranges qui y apparaissent n'existeraient pas et celles qui sont attestées dans l'usage seraient résorbées par le présent de l'indicatif ou le présent et le passé du subjonctif)» (Besse et Porquier 1991 : 53).

Si le féminin des adjectifs ou la conjugaison des verbes paraissent varier si peu selon les auteurs[5], c'est qu'il s'agit tout simplement de très fortes conventions culturelles, et non d'entités «réelles» de la langue, reprises par les linguistes et les didacticiens de la langue qui s'en tiennent à peu près toujours à la description des mêmes formes standard de la langue. Nous récusons donc, en matière de description grammaticale, toute forme de réalisme naïf (à la Aristote) pour adopter, plutôt, une perspective résolument constructiviste. Qu'est-ce à dire?

1. LE CONSTRUCTIVISME

Notre position épistémologique fondamentale, à l'instar de celle de Besse et Porquier (1991), est dite constructiviste, car toute description/simulation grammaticale est vue comme une construction du chercheur, comme en fait foi, d'ailleurs, toute l'histoire de la linguistique ou de la grammaire pédagogique (ou scolaire) française. Le constructivisme, ainsi qu'un certain relativisme qui lui est associé, vont à l'encontre de ce que les philosophes appellent *le réalisme naïf* ou croyance du sens commun, suivant laquelle on peut décrire le réel tel qu'il est, de manière exhaustive – oubliant, du coup, que du point

---

[5] Encore faut-il nuancer. Par exemple, au début du 18ᵉ siècle, on rencontre toujours les deux formes du subjonctif du verbe *avoir* (*que j'aye, que tu ayes, qu'il aye...* et *que j'aie, que tu aies, qu'il ait...*) (Chervel 1981 : 37; voir également, dans cet ouvrage, le chapitre 1, sur différentes conceptions de la morphologie verbale).

de vue de la science, le réel est inépuisable –, sans passer par les à priori ou les présupposés du chercheur.

En ce qui concerne la connaissance grammaticale, cela signifie donc que nous supposons, comme le font d'ailleurs la plupart des épistémologues contemporains, que toute description ou simulation ne représente que le point de vue du chercheur sur son objet d'étude. Cela signifie que la description/simulation du linguiste ou du didacticien est fonction de sa propre vision du réel, de son propre point de vue sur l'objet, en l'occurrence, la langue. C'est donc bien le point de vue qui crée l'objet, comme l'avait bien vu de Saussure au début du 20e siècle; ce n'est pas l'objet qui précède le point du vue du chercheur. Il découle de cette position – indépendamment de toute considération d'ordre historique – que *la* langue, ou *la* grammaire d'une langue, est une impossibilité épistémologique. Cela ne peut exister. Aucune description ou simulation grammaticale n'est totalement naïve; chacune met en jeu un certain nombre de présupposés théoriques, propres à chaque théorie ou école de pensée. C'est ce qui explique qu'il n'y a pas *une* grammaire, mais bien *des* grammaires, comme en témoigne la typologie des grammaires décrite précédemment. Mais il y a plus. Chaque type de grammaire comprend plusieurs espèces différentes : les manuels (en tant que grammaires d'apprentissage) varient considérablement d'un auteur à l'autre.

2. LA DIVERSITÉ DES POINTS DE VUE

Dans un ouvrage comme celui-ci, qui tente de faire le point sur la grammaire en didactique des langues, nous ne pouvons que viser à donner une image des représentations que se font de la langue certains linguistes, certains didacticiens et certains enseignants. Il y a autant de grammaires qu'il y a de points de vue sur l'objet, tout comme il y a autant de descriptions ou simulations linguistiques qu'il y a d'écoles de pensée linguistique. Dans cette perspective, il ne saurait donc être question de *la* réalité linguistique, de *la* langue telle qu'elle est et fonctionne.

Pareille position constructiviste, contrairement à ce qu'on pourrait croire à première vue, ne conduit cependant pas au chaos. Bien au contraire. Comme le soulignent la plupart des épistémologues contemporains à propos des diverses écoles de pensée en psychologie, en sociologie ou en linguistique – pour nous en tenir à des disciplines relevant des sciences dites humaines, par rapport aux sciences de la nature comme la physique ou la chimie –, la diversité des points de vue, dans les disciplines qui touchent aux phénomènes humains, n'est que normale et salutaire.

C'est ce qui donne lieu parfois à la complémentarité, mais aussi à des critiques et à des débats, lesquels permettent à une discipline d'évoluer. Comme le soutient le grand épistémologue contemporain Popper (1973), c'est par la confrontation, les remises en cause, la discussion que se fait l'évolution des disciplines, particulièrement celles qui visent à appréhender des phénomènes touchant de près l'être humain. Cela se comprend puisque, comme l'avaient déjà bien perçu certains grands philosophes allemands du 19e siècle, l'étude de l'humain implique le recours à des valeurs, à des attitudes, à des croyances, dont ne peut être exempt le chercheur qui travaille sur ce type de données. C'est pourquoi, comme il s'agit de valeurs ou de représentations mentales dans les études touchant l'humain ou le social, il serait vain d'espérer atteindre un consensus scientifique semblable à celui que l'on trouve, jusqu'à un certain point, dans les sciences de la nature.

3. LA REPRÉSENTATION GRAMMATICALE ET L'APPRENTISSAGE D'UNE L2

Il découle de ce qui précède que la grammaire enseignée, c'est-à-dire celle qui permet de communiquer et que l'apprenant d'une L2 tente d'intérioriser, n'est toujours qu'une approximation de la grammaire intériorisée de l'usager (de L1). Comme on l'a vu, ce qui complique davantage le problème, c'est que l'apprenant d'une L2, en tant que locuteur d'une langue quelconque (sa L1), s'est déjà fait implicitement une certaine représentation de ce qu'est une langue, de ce qu'est une grammaire, de la façon dont on apprend une langue, etc.

Il en va de même de l'enseignant d'une L2 : tout enseignant de langue agit en salle de classe, de manière avouée ou inavouée, en fonction de l'idée ou de la représentation qu'il se fait de ce qu'est une langue, de ce qu'est une grammaire, de la manière dont la grammaire d'une L2 peut être apprise, de la façon dont la grammaire peut et doit être enseignée, et ainsi de suite.

Ainsi, ce ne sont pas seulement les représentations du chercheur qui sont en jeu, mais bien celles de toutes les personnes concernées (chercheur, didacticien, enseignant, apprenant). C'est ce qui fait que la question grammaticale, comme tout ce qui touche, d'ailleurs, aux valeurs et aux attitudes de l'humain en général, est si complexe et difficile à cerner.

En somme, il ne faudrait pas perdre de vue que *la* grammaire n'existe pas; il n'y a que *des* grammaires, c'est-à-dire des points de vues différents (parfois complémentaires) sur un objet qui n'est pas toujours strictement le même, compte tenu de la délimitation qui est faite à priori du champ d'étude de la grammaire. Mais, en dépit de cela, s'il nous arrive de continuer au cours du présent ouvrage à parler de *la* grammaire, c'est tout simplement par tradition, habitude, convention, ou même, facilité stylistique.

Au cours de ce chapitre, nous avons tout d'abord défini la grammaire comme la connaissance intériorisée que possède de sa langue un sujet parlant. Nous avons ensuite posé le problème de l'apprentissage de la grammaire d'une L2 : dans quelle mesure l'appropriation d'une description/simulation (qui n'est qu'une approximation d'un certain usage) permet-elle l'atteinte d'une connaissance grammaticale intériorisée d'une L2, susceptible de faciliter l'usage de cette L2? Puis, nous avons délimité le champ de la grammaire en posant que celle-ci comprend deux types de règles : règles d'usage (structures grammaticales, règles morphosyntaxiques) et règles d'emploi (utilisation appropriée au contexte linguistique et à la situation de communication). Nous avons également fait état de la problématique de la place de la grammaire dans un cours de L2. En réduisant à quelques variables clés les divers éléments de la complexité de la question, Celce-Murcia (1985) en est arrivée à proposer une grille à double entrée, susceptible d'aider autant les élaborateurs de programmes et les auteurs de manuels que les enseignants dans leur classe à déterminer quelle importance il faut accorder à la grammaire, dans une situation donnée. Par la suite, nous avons présenté une intéressante typologie des grammaires, celle de Dirven (1990), que nous nous sommes permis de modifier et de compléter en prenant en compte, par exemple, les personnes impliquées : grammaire de l'usager, grammaire de l'enseignant, grammaire de l'apprenant. En nous intéressant aux personnes impliquées, nous avons aussi été entraînés vers le concept, rarement exploré en didactique des langues, de représentation grammaticale. Nous en sommes ainsi arrivés à établir un certain nombre de distinctions cruciales entre grammaire pédagogique et grammaire linguistique puis, sur un autre plan, entre divers types de grammaires pédagogiques : grammaire d'apprentissage, grammaire d'enseignement et grammaire de référence (que nous avons pris soin de distinguer de l'enseignement de la grammaire ou de l'apprentissage de la grammaire). Quant à la grammaire linguistique, elle se subdivise en grammaire de référence (à visée non normative, cette fois) et en grammaire descriptive/simulation grammaticale. Nos concepts étant définis, nous avons terminé ce chapitre en explicitant quelques-uns de nos présupposés épistémologiques, c'est-à-dire en rapport avec la nature de la connaissance.

CHAPITRE 3

GRAMMAIRE DE RÉFÉRENCE : LES PARTIES DU DISCOURS ET LA CONJUGAISON

Faire le tour de toutes les productions récentes dans le seul rayon des grammaires de référence serait une entreprise trop vaste et pas nécessairement indispensable. Il semble préférable, dans le cadre de cette mise au point sur la didactique actuelle de la grammaire, d'illustrer le propos en faisant l'analyse comparative de quelques catégories, qui restent discutables sur un plan à la fois descriptif et didactique. Faute d'espace, nous nous limiterons aux parties du discours et à la conjugaison, qui méritent bien qu'on s'interroge à leur sujet. Il va sans dire que de nombreux autres problèmes demanderaient à être traités, tels que le genre des noms, la place des adjectifs et des pronoms, le fameux accord du participe passé, etc., sans oublier l'orthographe, cette institution dont la problématique a encore une fois été remise à jour dans le nouveau débat sur les rectifications entérinées en mai 1990 par l'Académie française – ce qui met une fois de plus la didactique du français devant un dilemme à résoudre, vieux d'un siècle et demi.

A. LES PARTIES DU DISCOURS : DESCRIPTIONS ACTUELLES

Dans les ouvrages de référence courants comme les dictionnaires et les grammaires, la division des mots en espèces ou parties du discours est présentée sans ambages aux usagers, comme si elle allait de soi, comme si elle existait de tout temps et n'était pas ou plus à discuter. On observe toutefois des tentatives de renouvellement dans quelques grammaires de référence.

1. DES DESCRIPTIONS TRADITIONNELLES

Dans la présentation actuelle du *Nouveau Petit Robert* (1993, mise à jour 1994 : IX-XIX), Josette Rey-Debove et Alain Rey traitent de tout (objet et contenu du dictionnaire, graphies et prononciations, définitions, etc.), sauf de l'espèce des mots – bien que toutes les entrées du dictionnaire alphabétique soient d'abord identifiées à l'une des neuf espèces traditionnelles. Dans le «Tableau des signes conventionnels et abréviations du dictionnaire», les neuf espèces de mots sont listées en ordre alphabétique («adj. : adjectif»), sans plus (alors que d'autres mots, l'apposition, par exemple, y sont définis). C'est dans le dictionnaire même qu'il faut aller chercher les définitions des mots *adjectif, épithète, attribut, substantif, qualificatif, déterminatif,* qui font partie du jargon grammatical, à leur place alphabétique respective, comme c'est le cas pour tous les autres mots de ce métalangage.

Celui-ci est également pris pour acquis dans les grammaires de référence du français actuel. Une place prépondérante y est réservée aux parties du discours, et leur division en chapitres, qui suivent un certain ordre habituel, est généralement articulée sur les mêmes huit ou neuf espèces de mots. C'est ce que l'on trouve dans *La nouvelle grammaire du français* (Dubois et Lagane 1993), par exemple.

Il faut bien dire cependant que les traditionnelles parties du discours, malgré un universalisme apparent, ne résistent pas à une analyse critique : «le jugement est, on le sait, globalement négatif et le discours dominant tourne volontiers au procès» (Lagarde 1988 : 93). Les accusateurs sont prestigieux et nombreux (Bloomfield, Brunot, Hjelmslev, Jespersen, Martinet, Pottier, Sapir, Tesnière, Vendryès, etc.) et les chefs d'accusation sont sérieux et également nombreux. Les critères de la partition traditionnelle sont hétérogènes (soit sémantiques, syntaxiques, morphologiques ou encore logiques), les définitions sont insuffisantes et se recoupent (le nom et le verbe, par exemple, ce dernier étant défini comme un mot d'action), les classes de mots ont une division arbitraire (celle des adverbes en particulier), plusieurs mots participent de classes différentes (*comme, que, si*, etc.), l'ensemble manque d'une organisation systématique (c'est une énumération, sans logique interne), etc. (Lagarde 1988 : 93-112). Il n'est donc pas étonnant que dans quelques grammaires de référence du français actuel l'on assiste depuis quelque temps à des tentatives d'amélioration.

2. DES TENTATIVES DE RENOUVEAU

Le bon usage (Grevisse et Goosse 1993) en est à sa treizième édition. Cette dernière, qui a doublé depuis la première édition de 1936, est maintenant sous la direction du gendre du célèbre grammairien belge, André Goosse – et l'on doit dire que, grâce à lui, elle a atteint des sommets d'excellence. Celui-ci a également donné suite, avec autant de bonheur, au fameux *Précis* (qui aura marqué les écoles depuis 1939), sous le titre *Nouvelle grammaire française* (1989). Goosse, qui est président du Conseil international de la langue française, et qui s'est appliqué à promouvoir les récentes rectifications de l'orthographe française (Goosse 1991), n'est pas étranger ni indifférent à la grammaire du français contemporain. C'est dire qu'il apporte une pensée grammaticale non passéiste; cette pensée, sans être avant-gardiste à tout prix, n'en est pas moins axée sur les découvertes récentes de la linguistique. Par exemple, «l'article va avec les déterminants, et le conditionnel avec les temps de l'indicatif. D'autres changements étaient nécessaires pour la cohérence des concepts : *donc* rejoint les adverbes; *oui* les quitte pour le chapitre des mots-phrases; les degrés de comparaison, qui ne se rattachent à la morphologie de l'adjectif que par révérence envers la grammaire latine, sont traités aussi avec les adverbes [...]» (Grevisse et Goosse 1993 : VIII). Goosse a tenté de moderniser sans que le livre cesse d'être accessible aux usagers, ce qui entraine le corollaire que la terminologie n'a pas été bouleversée mais les définitions rendues plus rigoureuses.

Les parties du discours, divisées en onze chapitres, s'y présentent maintenant comme suit : le nom, l'adjectif, le déterminant (articles, possessifs, démonstratifs, etc.), le pronom, le verbe, l'adverbe, la préposition, la conjonction de subordination, la conjonction de coordination, et deux nouvelles espèces, l'introducteur (*voici, c'est*, etc.) et le mot-phrase (interjections, *oui*, etc.). Le mot-phrase est une innovation prometteuse, en ce sens qu'elle semble pouvoir régler plusieurs cas qui avaient été laissés pour compte dans l'analyse traditionnelle *(Bonjour, tant mieux!)*.

C'est dans cette poussée de modernisation grammaticale qu'a été publiée une imposante grammaire, qui s'annonce comme «nouvelle, moderne et différente», la *Grammaire du sens et de l'expression* (Charaudeau 1992). Ce qui fait la nouveauté de cette grammaire, c'est qu'elle traite des différents volets de la langue selon un même principe de cohérence, à savoir les moyens dont dispose le sujet parlant pour s'exprimer, plutôt que de recourir à une multiplicité de critères hétérogènes. Une grammaire donc de l'expression signifiante, de la communication effective, décidément située dans le contexte du français actuel, dans toute sa diversité dynamique : langue de la conversation orale, langue de l'expression publicitaire, journalistique, scientifique, didactique et bien sûr littéraire. Cette grammaire reprend tout de même les catégories grammaticales traditionnelles, tout en proposant une «description du sens de ces catégories, et des effets de discours qu'elles servent selon diverses situations de communication». Par exemple, les parties du discours sont traitées avec les «catégories de la langue» (quatorze), qui couvrent plus que les parties du discours grâce à un regroupement sémantique : la personne et les pronoms personnels; l'actualisation et l'article; la dépendance et les possessifs; la désignation et les démonstratifs; la quantification et les quantificateurs; l'identification indéterminée et les indéfinis; la présentation et les présentateurs; la qualification, la comparaison et les procédés d'adjectivation; l'action et les actants; la localisation dans l'espace; la situation dans le temps; l'argumentation et les relations logiques; l'affirmation et la négation; la modalisation et les modalités énonciatives.

En outre, en examinant le français actuel dans toute sa dynamique, la grammaire de Charaudeau dépasse même celles de ses devanciers, en ce qu'elle tient compte à la fois des règles d'usage et des règles d'emploi du français. Cette grammaire, qui se situe dans la lignée des Brunot (1923), Benveniste (1966, 1974), Courtillon (1976), Weinrich (1989), et quelques autres, apporte du nouveau au chapitre des traditionnelles parties du discours, entre autres. Nul doute que la didactique des langues en bénéficierait. Reste à voir, cependant, si le milieu scolaire est prêt à tant de nouveautés, en dépit des précautions et des nuances de l'auteur (Germain 1993c). De plus, cette nouvelle description illustre bien, allant cette fois à contre-courant de la thèse de Chervel (1981 : 272), qu'il est possible de rester dans une certaine tradition tout en faisant avancer le dossier grammatical : les parties du discours demeurent, mais revisitées.

B. LA CONJUGAISON : POUR UNE NOUVELLE TAXINOMIE

Les descriptions multiples qui se dégagent des différentes visions de la conjugaison verbale, qui sont offertes présentement dans les rayons des bibliothèques et des librairies, donnent lieu à quelques réflexions dont pourraient bénéficier la didactique des langues en général et la grammaire française en particulier. Les questions soulevées, à la suite de notre examen des conceptions passées et actuelles, portent sur les points suivants : la terminologie, les effectifs (les verbes à conjuguer), les groupes de verbes, les sous-groupes et les modèles de conjugaison.

1. LA TERMINOLOGIE

Comment nommer les parties constituantes de la forme verbale ainsi que les catégories ou modalités[1] marquées par les flexions?

Les deux parties de la forme verbale simple *parlez*, *parl-* et *-ez*, sont nommées de diverses façons dans différents manuels ou traités consultés, dont voici quelques exemples. Bescherelle (1991) oppose un radical et une terminaison; Dubois (1967), un radical (ou base verbale) et une désinence (ou modalité). Martinet (1979) nomme *flexion* ou *finale* tout ce qui n'est pas le radical (qu'il appelle *monème* ou *synthème* selon qu'il est simple ou composé : *parl-*, *départ-*). Dans sa phonologie générative du français, Bibeau (1975) décompose le verbe en thème (base + un éventuel affixe lexical, comme *re-* dans *reparl-*) et en affixes grammaticaux «qui sont communs à tous les verbes».

---

[1] Les catégories ou les modalités grammaticales du verbe sont la personne, le nombre, le temps, le mode, la voix ainsi que l'aspect; ces catégories sont marquées ou non dans les différentes formes du verbe conjugué et ces différentes formes s'appellent *flexions*.

Le terme *radical*, clair et connu, semble préférable aux autres appellations, de même que *désinence* qui s'applique spécifiquement au verbe pour en marquer les catégories, alors que *finale* ou *terminaison* désignent vaguement ce qui se trouve à la fin (ou à la droite) d'une forme orale (ou écrite). Par exemple, l'infinitif *craindre* peut être considéré sous diverses finales : *-e, -re, -dre, -indre, -aindre*, selon différents types de classement ou de comparaison avec d'autres infinitifs, alors qu'une stricte analyse morphologique grammaticale le décompose en deux parties distinctes : *craind-*, le radical (morphème lexical ou lexème) qui relève du lexique, et *-re*, la désinence (morphème grammatical ou grammème) qui relève de la grammaire et est la marque de l'infinitif. Selon ce critère de la dichotomie radical/désinence, *finis/finissent* s'analysent en deux radicaux avec désinences zéro (ou muettes si l'on considère leur forme écrite) : *fini-s/finiss-ent* et non *fin-is,/fin-issent* comme le font à tort Bescherelle et Grevisse, créant ainsi inutilement une autre série de terminaisons, lesquelles ne sont pas des désinences puisqu'elles ne sont pas communes aux verbes de la conjugaison non régulière; de même que *voir (voi-r)* ne peut se décomposer en *v-oir*, *v-* n'étant pas un morphème (que l'on s'entend à définir comme une unité minimale porteuse de sens). Quant au mot *flexion* utilisé par Martinet comme synonyme de «finale», il peut aussi bien désigner la flexion désinentielle *(venons, venez)* que radicale *(il **vient**, ils **vienn**ent)* et son ambivalence n'en fait pas un terme idéal.

En didactique des langues, on aurait intérêt à ne pas diversifier inutilement la terminologie grammaticale mais plutôt à s'aligner sur un métalangage simple et uniforme. Ainsi devrait-il en être également de l'appellation des différentes modalités ou catégories grammaticales marquées par les flexions verbales. Les notions de personnes (première, deuxième, troisième), de temps (passé, présent, futur), de voix (active, passive, pronominale) semblent acceptées presque unanimement, contrairement à celles de modes et d'aspect, critiquées pratiquement depuis le début de la description grammaticale française (16ᵉ siècle), et qui restent à clarifier, sinon à éliminer – ce qu'ont déjà fait certains grammairiens ou linguistes, comme Gross (1968) et Benveniste (1966), entre autres.

2. LES EFFECTIFS

Sur quel critère choisir les verbes à conjuguer : leur fréquence d'occurrence (et alors, de quel corpus) ou leur attestation dans les dictionnaires (et alors, lequel ou lesquels)?

Le critère du nombre de verbes qui sont soumis à la même conjugaison détermine quelle est l'importance de celle-ci dans la langue, de sorte que le répertoire lexical des verbes à conjuguer a certainement sa valeur taxinomique; à ce critère des effectifs bruts peut s'ajouter, pour des besoins pédagogiques, celui de leur fréquence d'occurrence dans le discours. Dans ce dernier cas, Dubois (1967) et Martinet (1979) s'en réfèrent à l'enquête sur le vocabulaire fondamental élaborée par le CRÉDIF à la fin des années 1950 (Gougenheim et coll. 1964); cette enquête contient, parmi les 1 063 mots fréquents retenus, 250 verbes dont une cinquantaine d'irréguliers. Bibeau (1975) et Gross (1968) situent leur analyse de la morphologie verbale en «français oral courant», sans plus définir ce qu'il faut entendre par là.

En français écrit, trois enquêtes de vocabulaire nous donnent les chiffres suivants. Le *Frequency Dictionary of French Words* de Juilland (1970) : 947 verbes tirés d'un corpus de 500 000 occurrences (textes datant de 1920 à 1940); le *Dictionnaire des fréquences* de Nancy (1971) : 5 379 verbes tirés d'un corpus de 37 653 585 occurrences (textes littéraires datant de 1880 à 1965); les *Fréquences d'utilisation des mots en français écrit contemporain* de Baudot (1992) : 3 431 verbes tirés d'un corpus d'un peu plus d'un million d'occurrences (803 textes variés datant pour la plupart du début des années 1960). Ces données statistiques, bien qu'elles datent toutes d'une trentaine d'années, sont précieuses et donnent une infinité de renseignements sur le discours, dont a besoin la didactique des langues.

Quant aux nombreux manuels de conjugaison, qui se livrent une inutile guerre des chiffres – à savoir qui offrirait le plus de verbes à conjuguer –, leur répertoire, malgré les titres trompeurs, est de l'ordre des 6 000 verbes, sauf le *Larousse de la conjugaison* (1988) qui en contient 8 307 et le *Séguin* (1986a), 9 417, ce qui semblerait être le maximum pour le français usuel. Le dictionnaire *Bescherelle* (1991), le plus connu dans le domaine, qui se targue d'avoir le plus grand nombre de verbes à conjuguer, en annonce 12 000 : il n'en contient en fait que 6 732 dans la liste alphabétique, soit presque la moitié de moins. L'éditeur s'explique dans l'«Avertissement» en faisant appel au critère sémantique, à l'effet que plusieurs verbes ont plusieurs sens et ces verbes sont comptés pour autant d'unités distinctes dans le répertoire. Ce qui étonne assez, dans un dictionnaire consacré à la morphologie; en effet, le verbe *voler*, que son sujet soit un oiseau ou un voleur, se conjuguera de la même façon et devrait donc compter pour un même verbe à conjuguer. Les chiffres sur les effectifs en langue usuelle varient donc considérablement selon les sources : le nombre de verbes serait de l'ordre de 4 900 dans le *Dictionnaire de l'Académie* (1935), de 5 500 dans le *Bon usage* (Grevisse et Goosse 1993), de 5 800 dans le *Petit Larousse* (1986) et de 6 100 dans le *Petit Robert* (1986). Ces deux derniers dictionnaires, qui font autorité et qui sont les plus communs, s'entendent dans leur nomenclature sur 5 535 verbes (infinitifs graphiques), ce qui pourrait servir de critère assez objectif pour déterminer une statistique des effectifs verbaux d'un vocabulaire usuel.

Ces effectifs de verbes communs au *Petit Robert* et au *Petit Larousse* comprennent 88 % de verbes réguliers (ceux en -*er*) et ce sont ces effectifs qui désormais varient, augmentent et font la différence d'une source à l'autre; les 12% de verbes irréguliers (637/5 535), qui forment une classe fermée, donc figée, se réduisent à une centaine si l'on ne retient pas les verbes rares, vieillis ou moribonds (comme *occlure*, *bruire*, *clore* ou *gésir*, etc.) et si l'on ne compte pas les composés qui, sauf rares exceptions, se conjuguent comme le verbe simple : par exemple, *corrompre* et *interrompre* s'alignent sur *rompre*, dont il suffit de connaitre les flexions, de sorte que ces trois verbes comptent pour une seule conjugaison. C'est donc bien une centaine de verbes seulement, et non des milliers, qui créent difficulté, leur irrégularité étant d'ordre historique.

La guerre des chiffres entre les maisons d'édition, qui se dotent toutes d'un «bescherelle», est mercantile; en fait, elle est bien vaine puisque la véritable solution au «monstrueux» problème de la conjugaison française n'est pas tant dans la complétude de la nomenclature que dans la présentation d'une taxinomie qui aide à l'intelligence du système flexionnel français dans son état actuel.

3. LES GROUPES DE VERBES

Sur quel critère répartir les différents verbes retenus dans la description de la conjugaison?

Telle qu'elle se présente au seuil de ce troisième millénaire, la conjugaison française comprend deux grandes sortes de verbes : ceux dont la forme infinitive est en *-er* et qui participent d'un système flexionnel tout à fait régulier, donc prévisible, formant ainsi un groupe homogène qui reçoit sans exception tous les nouveaux verbes (créés ou empruntés) depuis le début du siècle; et ceux dont la forme infinitive n'est pas en *-er* et qui par le fait même présentent des conjugaisons non prévisibles. En effet, aucun francophone n'hésitera à conjuguer **snorer* comme *parler*, **cinoyer* comme *employer*, **crener* comme *lever*,

*créner comme céder; par contre, nul ne saurait conjuguer *troutir sur la seule base de sa forme infinitive en -ir puisque plusieurs modèles connus et fort différents s'offrent : vêtir, aboutir, partir, courir, mourir, souffrir, etc.

Devant cet état de fait, il semblerait donc plus juste, et plus simple, de répartir les verbes français en deux groupes, au lieu de trois (-er, -ir/-iss et -ir, oir, re), voire de quatre (-er, -ir, -oir, -re) ou de cinq (-er, -ir/-iss, -ir, -oir, -re). Le premier groupe forme une classe ouverte, incluant tous les verbes en -er, c'est-à-dire tous ceux dont la désinence infinitive est *vocalique*, prononcée /e/ et écrite *e* avec un *r* muet. La seule exception est le verbe *aller* qui se conjugue avec trois racines issues de trois verbes latins différents : *ambulare* > *all-*, *ire* > *i-*, *vadere* > *va-*.

Le deuxième groupe, hétérogène, classe fermée qui ne reçoit plus aucun verbe nouveau, comprend tous les verbes dont la désinence infinitive est *consonantique*, prononcée /r/ et écrite avec un *r* suivi ou non d'un *e* muet. Ce groupe compte quelque 600 verbes dont la moitié se conjugue sur le modèle de *finir*; celui-ci se comporte morphologiquement comme la majorité des verbes de ce groupe, en opposant un radical long (pluriel) à un radical court (singulier) : *il finit/ils finissent*, de même que *il connait/ils connaissent*, *il lit/ils lisent*, *il écrit/ils écrivent*, *il part/ils partent*, *il bout/ils bouillent*, etc. À moins d'avoir un indice, une amorce de flexion (comme on le fait justement dans le seul cas des verbes du traditionnel deuxième groupe : *finir/ finissant*), nul ne peut deviner la conjugaison d'un verbe inconnu à partir d'une désinence en /r/ (en -ir, en -oir ou en -re). En effet, pour un étranger, des verbes comme *pourrir, mourir* et *courir*, ou *dire* et *maudire*, ou *rire* et *lire*, ou *répartir* et *repartir*, ou *voir, devoir* et *savoir*, ou *rendre* et *prendre*, etc., ne peuvent pas se conjuguer sur le seul indice de leur forme infinitive, contrairement à tout verbe en -er, dont la conjugaison se fait automatiquement puisqu'elle suit des règles simples, sans exceptions. C'est pourquoi un classement des verbes en deux groupes seulement parait linguistiquement justifié et pédagogiquement avantageux.

4. LES SOUS-GROUPES

Comment différencier les différents types de conjugaison dans chaque groupe? Et quelle forme de la langue décrire : la forme orale, la forme écrite, les deux?

En français oral, la conjugaison régulière, qui présente un système cohérent, répartit les verbes à désinence -*er* en deux sous-groupes, ou classes flexionnelles, selon le nombre de radicaux utilisés pour marquer les flexions personnelles du présent (de l'indicatif). Les verbes de classe 1, fortement majoritaires, ont un radical stable et se conjuguent comme *parler* ou *écouter*. Les verbes de classe 2 ont deux radicaux, selon que la désinence est prononcée ou non; ces verbes se divisent en trois sous-classes, selon que la finale infinitive est en -*yer* comme *employer* (*j'emploie/vous employez*); en *e...er* comme *lever* (*je lève/vous levez*) ou *crever* (*je crève/vous crevez*); ou en *é...er* comme *céder* (*je cède/vous cédez*). Tous les verbes en -*er* se conjuguent au présent sur l'un de ces quatre modèles : 1) **parler, donner** (avec initiale consonantique, qui affecte le voisement de la consonne précédente ou le maintien de la voyelle précédente, *je parle*) ou *écouter* (avec initiale vocalique, qui commande des liaisons de consonnes, *ils̬ écoutent*, et des élisions de voyelles précédentes, *j'écoute*); 2a) *employer* (les verbes en -*ayer* participent des deux sous-groupes, se conjuguant, au choix, comme *grasseyer* ou comme *employer*); 2b) *lever* (y inclus, à l'oral, les verbes en -*ecer*, -*eler* et -*eter*); 2c) *céder* (y inclus, à l'oral, les verbes en -*écer* et -*éger*).

Les autres marques de modes-temps se font selon des règles de dérivation qui ne souffrent pas d'exception (la seule étant pour le futur-conditionnel d'*envoyer*, qui s'est aligné sur celui de *voir*). Pour ce qui est du futur (et automatiquement du conditionnel), la règle traditionnelle de sa formation sur l'infinitif crée d'elle-même ses propres exceptions, qui ne sont pas dans la langue mais dans les descriptions qu'on en fait; en effet, former le futur-conditionnel sur l'infinitif en *-er* rend ipso facto irréguliers tous les verbes du deuxième sous-groupe (ceux à deux radicaux) : *employer* > **j'employerai, lever* > **je leverai*, de même que *céder* > *je céderai* (forme graphique non alignée sur la forme orale et dont on propose le réalignement dans les nouvelles propositions de simplification de l'orthographe entérinées par l'Académie). Nous proposons donc une autre règle, beaucoup plus juste car elle ne souffre pas d'exceptions : former le futur-conditionnel sur le présent singulier, conformément au système oral de la langue : *je parle-rai, j'emploie-rai, je lève-rai, je cède-rai*. Cette règle simple se trouve rarement dans les descriptions, même récentes, de la langue.

Dans sa forme écrite, la conjugaison des verbes en *-er* présente quelques particularités, certaines parfaitement arbitraires comme celles des verbes en *-eler* et *-eter*, d'autres tout à fait conformes au code phonographique du français, comme la lettre *e* et la cédille ajoutées respectivement au *g* et au *c* devant *a* et *o*. Ce dernier cas, souvent présenté comme une exception, n'a rien d'aberrant, nécessité qu'il est par les contraintes du code et, de ce fait, faisant partie intégrante du système d'écriture : il s'agit bien d'un gallicisme graphique qui transcende la conjugaison : *La leçon commençait, La gageure changea*, etc.

La conjugaison irrégulière, dont les formes s'expliquent par l'évolution historique, impose donc, dans l'état du français actuel, de classer les verbes autrement que sur la seule forme infinitive; les chercheurs actuels sont unanimes à ce sujet. La tendance générale, qui n'est pas nouvelle, semble être de prendre comme bases certaines formes «primitives» telles celles du présent, de l'infinitif et du participe passé et d'en dériver les flexions temporelles et modales, au moyen de règles, qui cependant souffriront d'incontournables exceptions. Cette façon de faire, déjà proposée il y a deux siècles et qui a pénétré la grammaire scolaire où elle s'est maintenue un bon siècle (Chervel 1981 : 86), remplace avantageusement le classement par la rime *(courir/mourir, partir/vêtir)* des verbes du traditionnel – et combien persistant – troisième groupe, et elle permet d'en arriver à mettre un peu d'ordre dans ce chaos flexionnel (Dubois 1967; Csécsy 1968; Bibeau 1975; Martinet 1979; Jaussaud 1986; Séguin 1986, 1989a, 1989b; Bérard et Lavenne 1989; Weinrich 1989, etc.).

À partir du radical nu qu'est le verbe au présent du singulier (forme dénuée, à l'oral, de désinences ou marques flexionnelles, et qui porte la charge sémantique du mot), il s'agit, dans un premier temps, de mettre le verbe au pluriel, à la troisième personne (*ils* ou *elles*) : celle-ci n'ayant pas de désinence prononcée (la désinence écrite -*ent* étant muette), c'est le radical qui devra marquer, de lui-même, le pluriel, s'il y a lieu. On obtient ainsi deux classes de verbes, selon que le pluriel est marqué – ou n'est pas marqué – par le radical. *Courir, voir, croire*, etc., comme tous les verbes en *er*, forment une classe (à un radical, au singulier comme au pluriel, qui n'est donc pas marqué), alors que *finir, savoir, rendre*, etc., en forment une autre (à deux radicaux, l'un court, au singulier, l'autre long, au pluriel, qui est ainsi marqué par la consonne ajoutée; celle-ci commande parfois une modification vocalique interne, comme pour *savoir*).

Dans un deuxième temps, pour compléter le partage des verbes en classes flexionnelles – en conjugaisons, donc – il s'agit d'opposer, cette fois, le radical nu du singulier (à désinences muettes -s, -t), au radical des personnes *nous* et *vous* (à désinences prononcées -ONS et -EZ). Ainsi, les verbes *courir* et *voir*, tous deux à un radical devant désinences muettes, se distinguent cette fois devant désinences prononcées : *courir* garde le même radical, *voir* en change.

Sauf pour les cas d'espèce que sont les verbes *être, avoir, aller* et *faire*, qui défient tout classement tant ils sont irréguliers – et qu'il faut faire apprendre tout simplement par coeur – tous les verbes se conjuguent selon un système qui comprend quatre classes flexionnelles.

5. LES MODÈLES DE CONJUGAISON

La présentation classique des différents modèles de conjugaison, telle qu'on la trouve dans la très grande majorité des grammaires, des dictionnaires et des manuels de conjugaison, pourrait profiter des dernières recherches et subir quelques modifications qui avantageraient la représentation du système flexionnel du français contemporain. Mais comment présenter les différents modèles de conjugaison? Comment disposer les différents paradigmes[2] retenus? Quels paradigmes font partie intégrante de la conjugaison? Les tableaux de conjugaison comprennent la disposition et la sélection des personnes et des nombres, des temps simples et des temps composés, des temps usuels et des temps littéraires, des formes orales et des formes écrites.

L'ordre de présentation des personnes

Martinet (1979), Séguin (1986), Weinrich (1989) et le *Robert oral-écrit* (1989) présentent les personnes sur la base des flexions orales des verbes opposant désinences zéro (c'est-à-dire muettes par rapport à l'écrit) et désinences prononcées, ce qui représente mieux le système de la langue qui est d'abord orale : 1) *je (-e,-s)*, 2) *tu (-es,-s)*, 3S) *il/elle (-e,-t)*, 3P) *ils/elles (-ent)*, 4) *nous (-ons)*, 5) *vous (-ez)*. Ainsi, les deux radicaux des verbes en *-er* comme *ployer, lever, céder* et des

---

[2] Un paradigme verbal est l'ensemble des formes conjuguées d'un verbe, et celles-ci sont présentées habituellement sous forme de tableau.

verbes de même classe flexionnelle du groupe 2 (celui des verbes non en -*er*) comme *voir, soustraire, acquérir, mourir* sont mieux ordonnés et mieux présentés dans leurs formes alternantes : *je, tu, il, ils* ploi- ou voi-, *nous, vous* ploy- ou voy-, de même pour lèv-/lev-, cèd-/céd-, trai-/tray-, acquier-/acquér-, meur-/mour-, etc. Pour ce qui est de la catégorie du nombre, qui est liée à celle de la personne, seules les troisièmes personnes sont de véritables pronoms et opposent un pluriel à un singulier; *vous* renvoie aussi bien (sinon plus souvent) à une personne qu'à plusieurs, et *nous* n'est pas le pluriel (une addition) de *je* (qui est unique); il peut même renvoyer à une seule personne (le *nous* de modestie ou de majesté) et dans ce cas l'accord du participe passé avec *être* se fait au singulier : *nous sommes convaincu(e) que...* lit-on dans les thèses, les rapports, etc. Pour ces deux raisons, l'une d'ordre morphophonologique et l'autre d'ordre sémantique, il parait donc préférable de changer l'ordre traditionnel (aligné sur le latin) 1S, 2S, 3S; 1P, 2P, 3P et d'adopter celui de Martinet (1979), qui se contente de numéroter les personnes verbales : 1, 2; 3S, 3P; 4, 5.

Les formes simples et les formes composées

La question se pose, pour plusieurs, s'il y a lieu, dans une description strictement morphologique, de mettre sur un pied d'égalité, dans un même tableau, temps simples et temps composés (et surcomposés). Plusieurs temps simples latins sont devenus composés en français (passé composé, plus-que-parfait, futur antérieur, etc.), leur morphologie est devenue différente (seul l'auxiliaire varie) et leur morphosyntaxe en est affectée; en effet, les formes composées ne sont pas soudées et leurs deux éléments sont disjoints par insertion d'adverbes : *j'ai mangé, je n'ai pas mangé, je l'ai toujours mangée, je ne les ai jamais plus mangées, je ne la lui ai pas toujours donnée*, etc. Il serait peut-être préférable, dans un tableau de conjugaison, de s'en tenir à un critère formel et de faire deux divisions, l'une pour les formes simples et l'autre pour les formes composées, ce qui par ailleurs aiderait à alléger la présentation.

Les formes usuelles et les formes littéraires

Plusieurs présentations de la conjugaison du français oral courant (Bibeau 1975, Dubois 1967, Gross 1968, Martinet 1979, etc.), pour des raisons d'homogénéité dans les registres de langue, éliminent de la description morphologique les modes-temps sortis de l'usage ordinaire depuis deux siècles (autour de la Révolution française) et qui sont désormais considérés comme littéraires, c'est-à-dire guère utilisés qu'en littérature et parfois en journalisme. Ces modes-temps sont le passé simple (ou défini, ou prétérit ou, parfois, aoriste), le subjonctif imparfait, le passé antérieur, le conditionnel passé deuxième forme et le subjonctif plus-que-parfait. La langue orale familière ou soutenue, qui intéresse surtout la didactique des langues secondes, se distingue de la langue littéraire car chacune a son système (ses valeurs) de modes-temps (Benveniste 1966, 1974; Weinrich 1989); mettre en regard dans un même tableau, sur un pied d'égalité, un indicatif imparfait et un subjonctif imparfait ne sert pas bien la pédagogie du français, L2 et même L1. De même donc que pour la distinction entre formes simples et formes composées, il parait justifié et préférable de séparer nettement formes usuelles et formes littéraires et d'alléger ainsi la présentation du système flexionnel du verbe français.

Les tableaux de conjugaison

Il semblerait donc pédagogiquement rentable de présenter deux tableaux de conjugaison, l'un pour le français oral courant limitant les modes-temps au présent, au passé composé, à l'imparfait, au plus-que-parfait, au futur, au futur antérieur, au futur proche, au passé récent, à l'impératif présent, au subjonctif présent et passé, au conditionnel présent et passé, à l'infinitif présent et passé, au participe présent et passé (et leurs formes surcomposées), l'autre pour le français écrit littéraire ou journalistique ajoutant les temps littéraires aux temps usuels (sauf aux formes surcomposées propres au langage familier). Les propositions de Benveniste (1966, 1974) et celles, semblables, de Weinrich (1989) dans sa *Grammaire textuelle*, qui divise les temps en fonction de deux mondes, celui du commentaire et celui du récit, vont dans cette direction : cette distinction se retrouve ainsi dans la grammaire de Sandhu (1995) *(voir chapitre 4)*. Reste le problème, toujours controversé, de la valeur de la catégorie mode, qui prend une place incertaine dans les tableaux de conjugaison, de même que celle de l'aspect.

La conjugaison française, dans sa description (ou sa présentation linguistique) et dans sa didactique (ou sa présentation pédagogique), reste un dossier chaud qui devra faire appel à toutes les ressources de la recherche, mais d'une recherche concertée, pour en arriver à des descriptions encore plus satisfaisantes du point de vue scientifique. Il reste à espérer que les améliorations taxinomiques présentées et proposées feront leur chemin, qu'elles passeront le mur apparemment infranchissable de la tradition et pénètreront enfin dans les salles de classe, qui en ont grand besoin.

Après avoir tenté, au chapitre précédent, de définir la grammaire et d'en distinguer les différents types, nous avons consacré ce troisième chapitre au type le plus courant, celui des grammaires de référence, qui s'adressent aux usagers de la langue et qui se situent entre les grammaires linguistiques et les grammaires pédagogiques (qui seront traitées au chapitre suivant). Le contenu grammatical de ces manuels de référence étant cependant trop vaste, nous nous sommes limités à la présentation des parties du discours, dans leur statut actuel, puis à la description de l'une d'entre elles, sans doute parmi les plus importantes, et ce, sous son aspect morphologique : le verbe.

Notre propos était d'illustrer que la partition du discours – qui est à l'origine de la réflexion grammaticale – reste traditionnelle (le nombre et l'appellation des espèces de mots n'ont pratiquement pas bougé depuis deux millénaires), bien que des amendements, devenus nécessaires, soient maintenant faits à la description de la grammaire dans le sens d'une adaptation à la langue contemporaine. Ce qui pourra étonner, c'est que la grammaire de référence par excellence, celle que l'on donne comme le canon de la tradition, celle qui clot toute discussion sur l'emploi grammatical correct du français, *Le bon usage* (Grevisse et Goosse 1993), sous des apparences d'immobilisme, propose, dans ses dernières éditions, des réajustements fort pertinents (et prometteurs pour la didactique du français, que ce soit pour francophones ou pour non-francophones). Et aussi, en plus des manuels «établis», qui essaient de faire peau neuve dans cette ère de la contestation, des manuels «nouveaux» paraissent soudain, comme la *Grammaire du sens et de l'expression* de Charaudeau (1992), entre autres, qui proposent, sans la contrainte d'une tradition à défendre, d'autres sentiers d'exploration grammaticale, sans cependant trop s'éloigner des sentiers familiers.

De plus, la description de la conjugaison du verbe français, fort stagnante, commence à bouger grâce à plusieurs réflexions et recherches, particulièrement depuis les années 1960. Les fameux trois ou quatre groupes de verbes déterminés par la finale infinitive, comme si le français était encore du latin, ne sont plus défendables, ne sont plus défendus par les linguistes ni les nouveaux grammairiens; mais ils résistent largement et sont encore enseignés dans les classes à travers le monde. Une nouvelle taxinomie de la morphologie verbale a donc été proposée ici, basée sur la langue orale et les flexions radicales au présent, desquelles dérivent les formes modales et temporelles, dont l'ensemble constitue le paradigme verbal. Cette présentation raisonnée de la conjugaison actuelle devrait, croyons-nous, en simplifier l'acquisition chez l'apprenant et promouvoir un certain dynamisme pédagogique chez l'enseignant.

CHAPITRE 4

GRAMMAIRE LINGUISTIQUE ET GRAMMAIRE PÉDAGOGIQUE

C'est à l'examen des caractéristiques de la grammaire linguistique et de la grammaire pédagogique, ainsi qu'à leurs rapports, que sera consacré ce chapitre-ci. La grammaire pédagogique en didactique de la L2 sera illustrée par quatre manuels choisis parmi les plus récents. Quant à la grammaire linguistique, nous nous limiterons à la présentation de la grammaire universelle, telle que proposée dans le cadre de la théorie chomskyenne des principes et des paramètres. Nous tenterons alors de faire voir les implications de la grammaire universelle, telle que conçue dans le cadre de cette théorie, quant à l'acquisition de la grammaire d'une langue. Nous terminerons le chapitre par quelques considérations plus théoriques sur la nature des rapports, actuels et passés, entre grammaire linguistique et grammaire pédagogique.

A. LES DIFFÉRENCES ENTRE UNE GRAMMAIRE PÉDAGOGIQUE ET UNE GRAMMAIRE LINGUISTIQUE

Il n'est peut-être pas inutile de revoir de façon plus précise, cette fois, en quoi une grammaire pédagogique se distingue d'une grammaire linguistique. Il n'est pas toujours facile, comme le fait remarquer d'ailleurs Dirven (1990), de bien saisir ce qui distingue l'une de l'autre. C'est pourquoi nous tenterons tout d'abord de faire voir les principales différences entre une grammaire pédagogique et une grammaire linguistique (description ou simulation grammaticale). Pour les besoins du présent ouvrage, nous retiendrons sept différences essentielles parmi celles proposées par Berman (1979).

Un grammaire linguistique vise d'abord et avant tout à décrire, et donc à expliquer la connaissance, alors qu'une grammaire pédagogique vise plutôt à la diffuser, en tenant compte du sujet apprenant.

Une grammaire linguistique vise également l'abstraction, le général. C'est pourquoi elle est amenée, le plus souvent, à laisser de côté tout ce qui touche au contexte réel d'emploi d'une langue donnée. Inversement, une grammaire pédagogique doit constamment tenir compte des situations concrètes interpersonnelles et des emplois réels de la langue.

Comme dans le cas de tous les énoncés scientifiques, une grammaire linguistique doit viser à l'exhaustivité et tenir compte du maximum de données pertinentes. Une grammaire pédagogique, par nature, se doit d'être sélective en fonction, non pas d'un modèle théorique, mais bien du public visé; en principe, une grammaire pédagogique ne vise pas à produire une description exhaustive de la langue cible.

L'ordre des règles, dans les deux types de grammaires, n'est pas le même. Alors que cet ordre est fondé, dans une grammaire linguistique, sur des critères de simplicité, de généralité et de cohérence interne, il repose plutôt, dans une grammaire pédagogique, sur des critères tels l'utilité, la fréquence, la familiarité, le degré de contraste entre la langue source et la langue cible, etc. (Swan 1994).

Le linguiste doit se soucier des interrelations entre les différentes composantes de l'analyse linguistique (phonologique, syntaxique, pragmatique, sémantique, etc.). À l'inverse, une grammaire pédagogique sera appelée très souvent à combiner des affirmations en rapport avec les différentes composantes prises ensemble en vue de montrer comment une langue, considérée comme un tout, est effectivement utilisée par des locuteurs.

Comme les buts ne sont pas les mêmes entre une grammaire linguistique et une grammaire pédagogique, cela entraine une différence majeure quant aux méthodes : alors qu'une grammaire linguistique peut et doit se confiner à des propositions explicatives ou descriptives, une grammaire pédagogique se doit nécessairement d'être prescriptive et, dans le meilleur des cas, également explicative.

Enfin, une grammaire linguistique devrait fournir des hypothèses sur la nature et l'étendue des universaux linguistiques, au contraire d'une grammaire pédagogique qui, presque par définition, vise à mettre l'accent sur les propriétés les plus superficielles et propres à chaque langue cible.

Telles sont donc, selon Berman (1979), les principales caractéristiques de la grammaire pédagogique par rapport à la grammaire linguistique. Ces précisions étant faites, il convient maintenant d'examiner de près quelques grammaires pédagogiques, sous la forme de grammaires d'apprentissage mises récemment à la disposition des enseignants et des apprenants de L2.

B. QUELQUES GRAMMAIRES PÉDAGOGIQUES

Une grammaire pédagogique s'adresse à un public prédéterminé, avec l'objectif de faire apprendre un certain contenu grammatical de la langue cible. Elle doit donc idéalement tenir compte du sujet apprenant comme tel, avec ses caractéristiques d'âge, de style d'apprentissage, de degré et de type de scolarisation, ainsi que de sa L1 et de son niveau de connaissance de la L2; cela implique aussi une certaine prise en compte de ses besoins en L2 et de ses objectifs spécifiques. Elle est donc sélective dans son contenu, lequel doit être organisé selon un certain itinéraire déterminé par le temps et par l'efficacité *(voir la grille de Celce-Murcia, chapitre 2)*. Il existe une multitude de grammaires pédagogiques de L2; nous ne traiterons que de quelques-unes, sous deux angles : celui du public visé et celui de la description grammaticale du programme proposé.

1. LE PUBLIC VISÉ

Les grammaires pédagogiques qui nous viennent de France en particulier s'adressent à un public européen forcément plurilingue, comme la *Grammaire progressive du français en 500 exercices* de Grégoire et Thiévenaz (1995), *Modes d'emploi : Grammaire utile du français* de Bérard et Lavenne (1989), *Le français au présent : Grammaire* de Monnerie (1987), alors que celles qui nous viennent d'ici, telles la *Grammaire fonctionnelle du français* de Sandhu (1995), la *Grammaire française* d'Ollivier (1993), s'adressent souvent à un public anglophone, ce qui présente un avantage indéniable sur un plan pédagogique, la grammaire idéale ciblant un public caractérisé linguistiquement. Cependant, le public québécois de L2 se diversifie de plus en plus à cause d'une immigration massive et la situation d'un plurilinguisme dans la salle de classe commence à rappeler celle de l'Europe.

Le niveau de connaissances des apprenants de L2 auxquels les manuels sont destinés diffère également d'un manuel à l'autre. Par exemple, la *Grammaire progressive du français* s'adresse à des étudiants de niveaux faux débutant et intermédiaire; la *Grammaire fonctionnelle du français*, comme d'ailleurs la *Grammaire française* d'Ollivier, s'adressent à des étudiants universitaires avancés; *Modes d'emploi : Grammaire utile du français* s'adresse à des apprenants intermédiaires ou avancés, alors que *Le français au présent* est utilisable avec des apprenants de différents niveaux.

2. LA DESCRIPTION GRAMMATICALE DU PROGRAMME PROPOSÉ

Malgré un certain immobilisme de la description grammaticale dans les grammaires de référence ainsi que pédagogiques, les manuels de ces dernières décennies tentent d'améliorer la présentation traditionnelle de la grammaire en didactique des langues. Ce renouvellement se situe dans un mouvement d'évolution où la grammaire a trouvé différentes places, selon les théories successives sur l'apprentissage d'une L2 : méthode linguistique ou communicative, globale ou spécialisée, etc.

Par exemple, dans la *Grammaire progressive du français*, comme l'indique son titre, Grégoire et Thiévenaz présentent progressivement une cinquantaine de points de grammaire, qui sont traités à la façon d'un cours de langue et non selon les classifications habituelles en parties du discours; les règles à ce niveau ne sont pas bien sûr exhaustives mais vont à l'essentiel. Par exemple, le point de départ est le verbe *être* (qui donne lieu au dialogue de base avec *je/vous* et aux prépositions *à, de* et *chez*, introduisant des noms de personnes et de lieux). Plusieurs points de grammaire sont touchés à différentes reprises, et la progression se fait ainsi en spirale, par enrichissement régulier des acquis.

Quant aux explications et aux exercices dans la *Grammaire française* de Jacqueline Ollivier, ils tiennent compte des aspects comparatifs du français et de l'anglais, ce qui est un atout plutôt qu'un tabou comme c'était le cas pendant le triomphe des méthodes directes et structurales. Par ailleurs, Ollivier présente un contenu dont la progression grammaticale n'a pas véritablement été une grande préoccupation. Il est divisé en vingt leçons indépendantes (présent, impératif, pronoms, passé, nombres, articles, etc.) à étudier dans l'ordre correspondant aux besoins de la classe.

Dans sa grammaire *Le français au présent*, au contraire, Monnerie tente d'organiser la matière de façon cohérente, par regroupement de notions grammaticales. Le contenu est divisé en six parties dont le choix reste traditionnel (groupe nominal, constructions du verbe et de l'adjectif, pronoms, temps, voix et modes, rapports circonstanciels, types de phrases). Ces six parties sont complétées par autant d'appendices (mots invariables, prépositions et locutions prépositives, etc.). Monnerie dit mettre l'accent sur les phénomènes linguistiques «qui sont généralement perçus comme difficiles» par les apprenants. Comme il n'est pas tenu compte de la L1 des différents apprenants et de leurs transferts en L2 dans cet ouvrage, on peut se demander comment s'établit le choix des éléments linguistiques jugés difficiles comme tels – la difficulté tenant sans doute à l'idiomatisme de la tournure.

Il en va assez différemment dans la grammaire de Bérard et Lavenne, *Grammaire utile du français*, qui se présente comme une grammaire de la communication. Ce manuel, divisé en dix-sept chapitres, comprend deux parties : la première – précédée d'une «Boîte à outils», qui comprend des points de morphologie et de syntaxe non liés à une situation de communication particulière – s'occupe des principaux objectifs de communication : s'identifier, présenter quelqu'un, donner des informations, demander un renseignement, etc. La deuxième partie, qui se termine avec les conjugaisons, est organisée autour de notions (temps, espace, quantification). Se démarquant des grammaires pédagogiques habituelles genre Ollivier, cette grammaire met l'accent sur la communication et donne aux apprenants les modes d'emploi des divers éléments et registres du français par rapport aux différentes situations de communication.

Le titre de la *Grammaire fonctionnelle du français* de Marcelle Sandhu (université Dalhousie, Halifax) n'est pas sans rappeler celui de la maison Didier, qui avait commandé au célèbre linguiste André Martinet (1979) une grammaire appliquant au français sa théorie fonctionnaliste du langage. Sandhu veut apporter «à la didactique du français une approche syntagmatique rarement – pour ne pas dire jamais – utilisée dans l'enseignement du FLS» (Sandhu 1995 : préface). Cette grammaire se définit comme fonctionnelle en ce sens que les mots sont étudiés, non pas dans l'absolu, mais en fonction de leur rôle dans la phrase, des liens qu'ils entretiennent entre eux, des significations qu'ils trouvent dans leur contexte d'emploi; elle vise à «faire une synthèse de la syntaxe et de la morphologie en étant à la fois une grammaire de référence et une grammaire centrée sur une véritable pratique de la langue».

L'ouvrage, dont l'articulation rappelle celle de Monnerie, comprend cinq parties. La première porte sur les unités de la langue (phonèmes et graphèmes, syllabes, morphèmes, mots, phrases). La deuxième est consacrée au groupe du nom et la troisième, au groupe du verbe, suivie de la quatrième, sur les modes et les temps. La dernière partie consacre sept chapitres à l'expression de notions telles que le temps, la cause, le but, etc., et se termine sur un chapitre hors grammaire sur la rédaction. Les parties sont donc assez indépendantes et la progression pédagogique aléatoire. Toutefois, l'intérêt de cette grammaire est qu'elle prend en compte des idées nouvelles dans la description de la langue, comme celles mises de l'avant par Benveniste (1966, 1974) et Weinrich (1989) sur les emplois des temps, reclassés selon que le discours est celui du commentaire ou du récit, par exemple.

Contrairement à une grammaire de référence, dont l'ordre de présentation du contenu peut être arbitraire, une grammaire pédagogique ne peut être élaborée de la même manière. Étant donné les nombreux facteurs dont il faut tenir compte dans la conception d'une grammaire pédagogique, la grammaire pédagogique idéale reste à créer.

C. UNE GRAMMAIRE LINGUISTIQUE : LA GRAMMAIRE UNIVERSELLE

La grammaire pédagogique, avons-nous établi, se distingue sur plusieurs points d'une grammaire linguistique. Il convient maintenant de nous pencher sur une grammaire linguistique, la grammaire générative de Chomsky.

Une mise au point s'impose ici. Si nous nous permettons de n'examiner qu'un seul modèle de grammaire linguistique, c'est qu'il aurait été beaucoup trop long et fastidieux d'en présenter un second ou même un troisième[1]. Par ailleurs, si nous avons fait porter notre choix sur la grammaire chomskyenne, c'est qu'il s'agit vraisemblablement de la plus répandue à l'heure actuelle dans le monde, de la plus débattue (voire contestée), mais, en même temps, de la plus audacieuse peut-être dans ses hypothèses, du moins dans ses derniers développements. De plus, comme on l'a vu au cours du chapitre 2, la linguistique chomskyenne a déjà été un des éléments clés de l'avènement de l'approche communicative, par la réaction qu'elle avait provoquée chez le sociolinguiste Hymes (Germain 1993b). On se rappellera que, si ce dernier a proposé de recourir au concept de compétence de communication, c'est en réaction contre la conception abstraite de la notion chomskyenne de compétence. Même si ce n'est que par ricochet, pour ainsi dire, que la linguistique chomskyenne a déclenché tout un mouvement en didactique des langues, nul ne saurait en nier l'importance.

---

[1] À cet égard, si nous avions présenté un deuxième modèle de grammaire linguistique, notre choix se serait très certainement porté sur la grammaire fonctionnelle, systémique et socio-sémiotique du linguiste britannique Halliday.

Or, au début des années 1980, a paru un autre ouvrage du linguiste américain Chomsky, qui a déjà eu de nombreuses répercussions non seulement dans le domaine de la linguistique mais aussi dans les domaines connexes. En effet, dans son ouvrage intitulé *Lectures on Government and Binding*, Chomsky (1981) a reformulé sa théorie et a proposé ce qu'il est maintenant convenu d'appeler la théorie syntaxique des principes et des paramètres, ou théorie syntaxique du gouvernement/liage. Suivant cette conception, toute langue est vue comme un ensemble de connaissances emmagasinées dans l'esprit des individus. Le modèle d'acquisition de la langue L1 qui est dérivé de la théorie syntaxique des principes et des paramètres est le modèle chomskyen de la grammaire universelle. Comme c'est précisément la grammaire universelle qui est au coeur des plus récents débats sur la question des rapports possibles entre la grammaire et l'apprentissage/enseignement d'une L2 *(voir chapitres 5 et 6)*, on ne saurait passer sous silence, dans un ouvrage visant à faire le point sur la grammaire en didactique des langues, la notion de grammaire universelle. C'est donc un ensemble de raisons qui expliquent pourquoi nous avons retenu, comme illustration d'une grammaire linguistique, la grammaire générative-transformationnelle telle qu'elle se présente, en tout cas, en ce milieu de la décennie 1990.

1. QUELQUES PRINCIPES ET PARAMÈTRES DE LA GRAMMAIRE UNIVERSELLE

Afin de mieux apprécier les tendances les plus récentes dans le domaine de la linguistique susceptibles de marquer éventuellement, directement ou indirectement, l'évolution même de la didactique des langues, il faut comprendre les grandes lignes de ce qu'on entend, dans les milieux linguistiques, par *grammaire universelle*.

Une des hypothèses fondamentales de la grammaire universelle est que l'esprit humain comprendrait à la fois des principes et des paramètres. Les principes seraient la partie permanente des connaissances linguistiques de tout individu, la partie des caractéristiques et propriétés communes à toute langue, quelle qu'elle soit. À cet égard, les principes linguistiques d'un Français et d'un Chinois seraient identiques. Par ailleurs, la différence entre les deux langues se situerait sur le plan des paramètres, qui permettraient d'ajuster les principes en fonction des langues particulières. Bien entendu, les principes et les paramètres ne sont que des abstractions, dont l'interaction est d'une très grande complexité.

Les principes

Pour illustrer ce qu'il faut entendre par *principe*, prenons le cas de la dépendance structurale (Chomsky 1988). Dans plusieurs langues (la question de savoir s'il s'agit de toutes les langues est une question très controversée en linguistique), la structure des questions parait dépendre, non pas de la séquence ou de l'ordre des mots, mais bien de la structure même de la phrase. En d'autres termes, pour passer de la phrase affirmative *Sam is the cat that is black* à la phrase interrogative correspondante, *Is Sam the cat that is black?*, il faut qu'un locuteur anglophone sache lequel des deux *is* – celui de la proposition relative et non celui de la principale (sinon cela donnerait : *Is Sam is the cat that black?)* – peut être déplacé en début de phrase. Sa compétence grammaticale (ou connaissance intériorisée de la grammaire) repose donc sur sa capacité de distinguer entre les propositions subordonnées et les principales. En ce sens, on peut dire que la capacité de formuler des questions, en anglais, présuppose la connaissance de la structure hiérarchique de la phrase anglaise.

Il ne s'agirait pas tout simplement, comme on l'a cru jusqu'ici, de pouvoir changer l'ordre de certains mots, ou de déplacer le second mot, dans le cas de l'exemple qui précède. Sinon, comment expliquer que tout locuteur anglophone puisse rejeter instantanément un énoncé du type *Is Sam is the cat that black?* même s'il peut accepter d'autres formulations qu'il n'a jamais entendues auparavant? L'esprit humain parait savoir que, pour formuler une question par déplacement ou mouvement, il faut se référer à la structure même de la phrase plutôt qu'à la simple séquence des mots de cette phrase.

Cela parait également vrai pour toutes les constructions qui demandent un certain déplacement ou mouvement, comme dans le cas des phrases passives ou des phrases interrogatives-négatives. Il s'agirait vraisemblablement d'un principe de connaissance linguistique inhérent à tout esprit humain. La connaissance d'une langue serait fondée sur la connaissance d'un certain nombre de principes généraux de nature semblable.

Les paramètres

Les paramètres seraient une construction dans l'esprit des locuteurs, auxquels différentes valeurs seraient assignées selon les langues particulières. Ce qu'on entend par *paramètre* pourrait être illustré à l'aide de la notion de sujet. On sait, par exemple, qu'en français, une phrase affirmative est généralement précédée d'un sujet, comme dans *Elle regarde la télévision, Il pleut, Il y a un livre sur la table*, etc. Par contre, en espagnol (tout comme en italien, en chinois et en arabe), le sujet n'est pas nécessaire : *Mira la television, Llueve, Hay un libro en la mesa*. La différence proviendrait du paramètre du sujet nul *(pro-drop parameter)*. Les langues qui autorisent des phrases sans pronom sujet exprimé sont des langues à sujet nul, alors que des langues, comme le français ou l'anglais, qui ne le permettent pas, sont désignées comme des langues à sujet non nul. Toute personne qui connait une langue assignerait l'une de ces deux valeurs au paramètre du sujet nul, un peu à la manière dont fonctionne un commutateur électrique, que l'on peut fermer ou mettre sous tension (Cook 1994 : 27). C'est ainsi qu'un locuteur anglophone connaitrait les mêmes principes et les mêmes paramètres qu'un locuteur hispanophone, mais assignerait une valeur différente au paramètre du sujet nul.

La place de l'adverbe, de la négation et des quantificateurs (comme *plusieurs, beaucoup, tout*, etc.) fournit d'autres exemples de paramètres, permettant de distinguer le français et l'anglais. En effet, alors qu'en français on peut dire *Michel boit souvent du vin*, en anglais on ne peut dire *Michael drinks often wine* : il faut dire *Michael often drinks wine* (en français, *Michel souvent boit du vin* serait agrammatical dans un registre de langue équivalent). Il en va de même pour la négation : en anglais, la particule négative *not* («pas») précède le verbe principal, comme dans *Michael does not drink wine*, alors que c'est l'inverse en français : *Michel (ne) boit pas de vin* (*John drinks not wine* n'est pas permis en anglais). Même phénomène dans le cas du quantificateur *tout* : en anglais *The workers all drink wine* correspond, en français, à *Les ouvriers boivent tous du vin* (Cook 1994 : 28).

Ces différences entre l'anglais et le français s'expliqueraient par le recours au paramètre de l'opacité (terme qui sert à désigner ce qu'il y a de commun entre des phénomènes apparemment disparates). Tout locuteur français assignerait à ces catégories grammaticales la position *après le verbe*, suivant le paramètre de l'opacité; le locuteur anglophone lui assignerait la position *avant le verbe*.

2. UNE REMISE EN CAUSE ÉVENTUELLE DE LA NOTION DE RÈGLE GRAMMATICALE

Que peut-on retirer, jusqu'ici, de cette présentation succincte de la grammaire universelle? Il en découle que deux langues, comme le français et l'anglais, différeraient quant au paramètre de l'opacité, qui affecterait l'ensemble des constructions concernant l'adverbe, la négation et certains quantificateurs. Les différences entre les deux langues reposeraient sur des paramètres de cette nature plutôt que sur des règles grammaticales au sens de la grammaire pédagogique, comme on l'a cru jusqu'ici. Dans cette perspective, c'est donc la notion même de règle grammaticale qui est ici remise en cause (Cook 1994 : 28, 29). On comprend donc l'importance de cette théorie, ou vision grammaticale nouvelle, pour la didactique des langues.

La grammaire universelle comprend de nombreux autres aspects, qu'il serait cependant beaucoup trop long de présenter ici. Dans les paragraphes qui précèdent, nous nous sommes contentés de n'exposer que les éléments qui nous ont paru essentiels pour comprendre, dans la suite du présent ouvrage, les implications que nous tirerons de ce modèle.

D. LES IMPLICATIONS DE LA GRAMMAIRE UNIVERSELLE QUANT À L'ACQUISITION D'UNE LANGUE

Nous allons maintenant tenter de dégager quelques implications de la grammaire universelle en ce qui concerne l'acquisition de la grammaire d'une langue, tout d'abord en L1, puis en L2, en suivant de près, encore ici, le traitement de la question par Cook (1994).

1. UN MODÈLE D'ACQUISITION DE LA L1

La théorie de la grammaire universelle prend en compte non seulement la structure syntaxique, mais également le lexique d'une langue. Pour maitriser une langue, il faudrait que tout apprenant en arrive à saisir comment de très nombreux mots, pris individuellement, sont effectivement utilisés dans les structures grammaticales. Il ne s'agit donc pas tout simplement de revenir à l'apprentissage du vocabulaire hors contexte, en recourant au dictionnaire, par exemple. Bien au contraire. L'hypothèse de la grammaire universelle a surtout le mérite de mettre l'accent sur l'usage du lexique dans son contexte syntaxique et sémantique.

Il ressort en effet de certains travaux linguistiques qu'une bonne partie des structures de phrases peut être prédite, non pas en termes proprement syntaxiques, mais à partir d'une information d'ordre lexical. Cela parait d'ailleurs coïncider à la fois avec les perceptions du sens commun et certaines observations de la façon dont l'enfant acquiert sa L1. Certains travaux récents en acquisition de la L1 mettent en évidence l'idée que les premières structures syntaxiques de l'enfant sont essentiellement de nature lexicale et sémantique. L'enfant acquiert de façon implicite les mots *avec leurs propriétés grammaticales*. Il se pourrait que la plus grande partie de la syntaxe apprise par l'enfant soit un sous-produit des relations sémantiques nécessaires dans toute communication (Little 1994). Dans cette perspective, la compétence linguistique consisterait en un ensemble lexical associé, dans l'esprit du sujet parlant, à ses propriétés syntaxiques. Ce n'est donc pas un lexique pur, désincarné, qui serait appris; ce ne serait pas, non plus, un ensemble de règles syntaxiques indépendantes du lexique. Il s'agirait plutôt d'un ensemble d'éléments lexicaux auxquels seraient associées des propriétés syntaxiques. Par exemple, l'enfant apprendrait que *ouvrir* a un sujet (animé) et un complément obligatoire (Kodsi 1980).

Apprendre une langue : assigner des valeurs aux paramètres

Selon le modèle de la grammaire universelle, il va de soi que les principes mêmes d'une langue (tel le principe de la dépendance structurale) n'ont pas à être appris puisqu'ils se trouveraient déjà dans l'esprit de tout locuteur. C'est plutôt dans la façon dont les principes sont appliqués et les paramètres fixés que les langues particulières, comme le français, l'arabe ou le chinois, varient. Par exemple, en japonais, ce n'est pas par déplacement ou par mouvement que sont formulées les questions, mais bien en recourant à un morphème spécifique (comme -*ka*) à la fin de l'énoncé. En pareil cas, on dira que le principe de la dépendance structurale, loin d'être remis en cause, ne s'applique tout simplement pas à la langue japonaise, qui n'en a pas besoin.

À partir des données auxquelles il est exposé, l'enfant va assigner diverses valeurs aux paramètres de sa L1. L'enfant qui apprend le français, par exemple, fixerait le paramètre du sujet nul de façon négative (sujet obligatoire) alors que le petit Espagnol le fixerait de façon positive (sans sujet obligatoire), et ainsi de suite dans le cas des autres paramètres.

Dans cette perspective, l'apprentissage d'une L1 consisterait avant tout à assigner diverses valeurs à chacun des paramètres de la grammaire universelle (Gass et Selinker 1994 : 128). Apprendre le français signifierait donc assigner aux paramètres de la grammaire universelle les valeurs grammaticales que lui assignent habituellement les locuteurs francophones.

2. LE RÔLE DE LA GRAMMAIRE UNIVERSELLE DANS L'ACQUISITION DE LA GRAMMAIRE D'UNE L2

La question se pose maintenant de savoir ce qu'il advient de l'ensemble de ces considérations lorsqu'il s'agit de l'acquisition ou de l'apprentissage d'une L2 plutôt que de la L1. Quel rôle peut jouer la grammaire universelle dans l'apprentissage d'une L2 et, plus particulièrement, de ses aspects grammaticaux – pour recourir à une terminologie courante?

Trois hypothèses possibles

Selon plusieurs spécialistes (notamment Cook 1994 et Rutherford 1987), la théorie des principes et des paramètres permet de poser différemment le problème de l'accès à une L2. Tout porte à croire que la question peut être examinée suivant trois points de vue distincts : la grammaire universelle ne jouerait aucun rôle dans l'acquisition d'une L2; elle jouerait un rôle direct ou encore elle jouerait un rôle indirect.

Aucun rôle

Dans l'hypothèse selon laquelle la grammaire universelle ne jouerait aucun rôle dans l'acquisition de la grammaire d'une L2, la grammaire serait alors apprise en recourant à d'autres facultés mentales que la faculté de langage. Par ailleurs, la L1 parait être apprise avec la même facilité par tous les enfants, quel que soit leur lieu d'origine, alors que certaines L2 sont beaucoup plus difficiles à apprendre que d'autres, selon la L1 de l'apprenant. Par exemple, l'apprentissage du japonais par des francophones serait plus difficile, comparativement à l'apprentissage de l'espagnol. Pareille constatation parait aller à l'encontre de l'hypothèse d'un rôle quelconque joué par la grammaire universelle dans l'apprentissage d'une L2. Enfin, comme il y a fossilisation[2] en L2, à un certain stade de l'apprentissage (comme on le verra plus en détail au chapitre 6), plutôt que progression continue en vue d'une compétence totale, il parait difficile de soutenir l'hypothèse du recours à la grammaire universelle.

Toutefois, Cook (1994) rapporte un certain nombre de recherches sur quelques langues, réalisées par différents chercheurs, et en conclut que toutes les observations ou expériences visant à montrer empiriquement l'absence de rôle joué par la grammaire universelle sont non fondées et non pertinentes. Cook rejette cette hypothèse et considère que le rôle joué par la

---

[2] Par *fossilisation*, on entend la permanence ou la stabilisation, chez un individu, de formes linguistiques erronées, en dépit des efforts faits par cet individu pour corriger ces formes.

grammaire universelle dans l'acquisition d'une L2 est réel. La question revient donc à se demander si la grammaire universelle joue un rôle direct ou indirect.

Rôle direct

Dans l'hypothèse où la grammaire universelle jouerait un rôle direct, les apprenants d'une L2 feraient l'acquisition de la L2 de la même manière que les enfants acquièrent leur L1, en recourant à la grammaire universelle; ils assigneraient différentes valeurs aux paramètres en fonction des attestations (données) rencontrées. Un recours direct à la grammaire universelle impliquerait que les apprenants d'une L2 débutent leur apprentissage en assignant des valeurs aux paramètres de la même façon qu'en L1, comme s'ils n'avaient pas été exposés à une autre langue déjà et qu'ils repartaient à zéro.

Rôle indirect

L'hypothèse selon laquelle la grammaire universelle jouerait un rôle indirect dans l'apprentissage d'une L2 veut que cet apprentissage se fasse à partir de ce que l'apprenant connait déjà dans sa L1. Le point de départ vers la L2 se ferait à partir des valeurs déjà assignées aux paramètres dans la L1, et non à partir des valeurs initiales : comme l'apprenant de L2 a déjà assigné des valeurs aux paramètres dans sa L1, il semblerait qu'il lui soit impossible de revenir en arrière et d'en changer (White 1989).

Or, certains travaux empiriques montrent que, dans les faits, la valeur assignée aux paramètres pourrait changer; par exemple, la plupart des francophones et des anglophones n'éprouvent pas de difficulté particulière à maitriser les phrases sans sujet de la langue espagnole, même s'il s'agit, dans ce cas, de changer la valeur du paramètre du sujet nul. Le débat est donc loin d'être clos.

Le caractère évolutif des principes et des paramètres

Enfin, la question de l'évolution des principes et des paramètres se pose également dans le cas de l'apprentissage d'une L2. Il se pourrait bien que le rôle tenu par la grammaire universelle dans l'acquisition d'une L2 soit fonction de l'âge de l'apprenant. Toutefois il existe peu de données empiriques sur la question, car au cours des dernières années les chercheurs ont délaissé l'hypothèse de la période critique (âge, neuf ou dix ans, au-delà duquel il deviendrait plus difficile d'apprendre une L2) pour s'intéresser plutôt aux acquis à court terme chez les adultes, comparativement aux acquis à long terme chez les enfants (Long 1990). Il ressort des travaux de recherche sur cette question qu'une exposition à la L2, en milieu naturel, au moment de l'enfance, donnerait plus de résultats, à long terme, qu'une exposition à la L2 qui commence à l'âge adulte. La grammaire universelle jouerait donc un rôle plus grand chez les jeunes enfants que chez les adultes (Cook 1994). Il s'agit là d'une question que les résultats des recherches actuelles ne permettent pas de trancher nettement.

3. QUELQUES REMARQUES CRITIQUES

Quelques mises en garde s'imposent ici, toutefois, dans la perspective de la didactique d'une L2. En effet, en dépit de l'intérêt certain que peut susciter la grammaire universelle, il ne faut pas perdre de vue qu'une adhésion à cette théorie présuppose une acceptation des théories nativistes qui maintiennent que l'acquisition d'une L1 relève avant tout de fondements biologiques innés (Larsen-Freeman et Long 1991 : 227, 228). Du coup, le rôle de l'environnement, dans l'acquisition d'une langue, se trouve passablement réduit.

Mais, au-delà de l'acceptation de ce présupposé, les modèles d'acquisition fondés sur la grammaire universelle pèchent surtout par leur simplisme. En effet, comme plusieurs auteurs l'ont déjà fait remarquer, l'assignation de valeurs aux paramètres de la grammaire universelle ne saurait se produire instantanément, suivant l'analogie du commutateur électrique (sous tension ou non). Les formulations actuelles du modèle laissent entendre que, à la suite d'attestations rencontrées dans la langue, l'enfant modifierait quasiment instantanément ses paramètres. Or, il parait douteux qu'il en soit ainsi : l'acquisition d'une langue, comme le font voir quantité de recherches empiriques, est vraisemblablement un phénomène long et continu (et non instantané), et plutôt d'ordre développemental que binaire.

De plus, comme toute assignation de valeur d'un paramètre dans l'acquisition d'une L2 implique une modification de tous les éléments d'une catégorie donnée, on devrait s'attendre à ce que, par exemple, *tous* les adverbes, *toutes* les formes de négation et *tous* les quantificateurs, en même temps (pour prendre l'exemple du paramètre de l'opacité), soient également modifiés, ce qui parait aller à l'encontre de l'observation faite par certains chercheurs. On ne connait pas, non plus, le nombre de cas ou d'attestations supposément nécessaire et suffisant pour permettre la modification d'un paramètre.

Enfin, fait remarquer Cook (1994), en règle générale, les chercheurs ont un point de départ trop idéaliste en ce sens qu'ils adoptent le point de vue suivant lequel l'individu apprend une langue (sa L1), et s'interrogent par la suite sur la façon dont ce même individu peut en arriver à apprendre deux langues. Les chercheurs font donc *comme si* la situation la plus normale ou la plus fréquente était la maitrise d'*une* seule langue. Or, conteste Cook, en termes statistiques, il semble qu'il y a plus de gens dans le monde qui possèdent plus d'une langue qu'il y a de personnes monolingues. Prendre, comme point de départ des recherches, le cas des personnes monolingues, minoritaires dans le monde, serait une idéalisation. C'est pourquoi Cook suggère plutôt de repenser la notion de grammaire universelle en partant de l'habileté que possèdent les gens à maitriser au moins deux langues, c'est-à-dire la possibilité pour l'esprit humain d'assigner simultanément deux valeurs différentes aux paramètres langagiers. C'est cet état d'esprit qu'il appelle la *multicompétence* mais qui aurait plutôt intérêt, comme le fait remarquer avec raison Nunan (1994), à être désigné comme la *bicompétence* puisqu'il s'agit de ne tenir compte, initialement, que de deux langues, ou que de deux grammaires. Selon Cook, il faudrait entreprendre des recherches qui considèrent comme un tout, dès le point de départ, la connaissance de deux langues.

E. LES RAPPORTS ENTRE GRAMMAIRE LINGUISTIQUE ET GRAMMAIRE PÉDAGOGIQUE

Ayant illustré, à l'aide de quelques exemples, ce qu'il convient d'entendre par une grammaire pédagogique et par une grammaire linguistique (description/simulation), il parait opportun, à ce point-ci, de nous arrêter sur la nature des relations que peuvent entretenir ces deux types de grammaires.

Nous estimons que les grammaires pédagogiques ont toujours été plus ou moins influencées par les grammaires linguistiques. Au cours de l'histoire, on a assisté à l'élaboration, d'un côté, d'une grammaire linguistique, à caractère spéculatif, élaborée par les savants et les linguistes théoriciens de la langue française et, de l'autre, d'une grammaire pédagogique (scolaire) conçue par des praticiens de la langue. La grammaire pédagogique a fonctionné comme une idéologie que le peuple s'est donnée pour en arriver, précisément, à dominer l'orthographe grammaticale. La grammaire pédagogique «se donne comme une vérité absolue et les concepts qu'elle met en place, du complément d'objet direct à la subordonnée circonstancielle de conséquence, sont censés représenter des réalités objectives de la langue» (Chervel 1981 : 27). Le but véritable, avoué ou inavoué, de cette grammaire pédagogique était de montrer aux élèves de l'école primaire l'orthographe grammaticale française (d'où le titre de l'ouvrage de Chervel, *Et il fallut apprendre à écrire à tous les petits Français...*).

De nos jours, en dépit des nombreux efforts des auteurs de grammaires pédagogiques pour prendre davantage en compte les données de la linguistique, il reste qu'elles sont le plus souvent amenées à développer, compte tenu de leurs visées particulières, un certain nombre de concepts qui ne sont pas nécessairement des concepts centraux dans les théories linguistiques : par exemple, les concepts de compétence de communication, de stratégie de communication, de fonction langagière, etc. Cela se comprend puisque les grammaires linguistiques visent d'abord et avant tout à décrire, à représenter et à expliquer, de façon la plus exhaustive qui soit, la nature et le fonctionnement des langues, alors que les grammaires pédagogiques, plus ou moins inspirées des premières mais nécessairement plus sélectives, se doivent, de leur côté, de tenir compte du sujet apprenant. C'est ainsi que l'histoire de la linguistique ne saurait se confondre avec l'histoire de la grammaire scolaire ou pédagogique, et que ces deux types de grammaire, bien qu'interdépendants, restent relativement autonomes.

L'arrimage entre les deux types de préoccupations grammaticales ne s'est jamais véritablement réalisé, en dépit des quelques superficiels emprunts terminologiques réalisés au cours de l'histoire (déterminants, quantificateurs, phonème, syntagme, et quelques autres). Nous osons même avancer l'hypothèse que, si le poids de la grammaire traditionnelle est resté si puissant jusqu'à nos jours, c'est vraisemblablement parce qu'elle n'a pas été touchée par la révolution qu'a connue la linguistique avec Ferdinand de Saussure (le fondateur de la linguistique structurale de souche européenne) au début du 20e siècle. La linguistique a fait un bond considérable à partir du moment où une langue a cessé d'être vue comme un assemblage hétéroclite d'étiquettes, comme une nomenclature, pour être plutôt considérée comme un découpage particulier de la réalité et comme un moyen de communication. Or, l'importance démesurée accordée, encore de nos jours, aux parties du discours dans la grammaire scolaire montre bien que les langues, sur le plan pédagogique, ne sont toujours vues que comme de simples nomenclatures. C'est ce qui fait que certains, par bricolage empirique, tentent tout simplement d'en modifier la terminologie, en oubliant qu'une réforme en profondeur implique davantage qu'un changement terminologique.

Il est permis de croire que, tant que la grammaire pédagogique ne sera pas dotée d'une théorie cohérente et unifiée de la grammaire – donc, d'autre chose qu'un assemblage hétéroclite de parties du discours fondées sur une variété de critères soit sémantique, syntaxique, morphologique ou logique –, elle sera condamnée à piétiner. Mais, pour en arriver à élaborer un tel type de théorie, il faudrait vraisemblablement qu'elle renonce à sa vision passéiste de la langue. La linguistique, à cet égard, pourrait peut-être au moins servir de modèle de développement, si ce n'est davantage. Et la didactique des langues ne pourrait vraisemblablement que mieux s'en porter.

En conclusion, le présent chapitre peut être considéré comme une illustration de notre prise de position épistémologique fondamentale, formulée au cours du chapitre 2, à l'effet qu'il y a effectivement autant de types de grammaires que de points de vues sur cet objet. Dans cette perspective, nous ne nous sommes arrêtés qu'à l'examen partiel de deux grands types de grammaires et de leurs rapports : une grammaire linguistique et quelques grammaires pédagogiques. Dans le premier cas, nous nous sommes contentés de présenter quelques éléments de la grammaire universelle dont les implications quant au mécanisme d'acquisition d'une langue (tant L1 que L2) ont été tirées. Quant à la grammaire pédagogique, dont on a tout d'abord exposé les grandes caractéristiques par rapport à la grammaire linguistique, elle a été illustrée par la présentation de quelques exemples de manuels récents destinés à l'apprentissage du français. Enfin, nous nous sommes attardés à l'étude des rapports entre grammaire linguistique et grammaire pédagogique en constatant que cette dernière a évolué en fonction de ses propres préoccupations, en l'occurrence, la maitrise de l'orthographe française. Par là, elle s'est développée de façon relativement autonome, à l'écart de la grammaire linguistique, comme cela parait être encore le plus souvent le cas de nos jours. Enfin, nous avons fait ressortir la nécessité de la création d'une éventuelle théorie de la grammaire pédagogique.

CHAPITRE 5

GRAMMAIRE D'ENSEIGNEMENT : LA SÉLECTION ET LA PROGRESSION GRAMMATICALES

Plusieurs questions cruciales se posent lorsqu'il est question de grammaire en didactique des langues. Parmi ces questions, il en est deux qui méritent une attention particulière : la sélection et la progression grammaticales. Nous allons tout d'abord tirer les implications de la grammaire universelle relatives à cette sélection, puis nous exposerons une façon particulière de regrouper les verbes français, après quoi nous examinerons la remise en cause des principes de sélection avec l'avènement de l'approche communicative. Dans la dernière partie du chapitre, nous aborderons la notion de préalables grammaticaux, qui parait s'imposer dans les cas où un programme de L2 serait essentiellement fondé sur des structures grammaticales (comme le réclame Brumfit 1980), et nous rappellerons l'importance de recourir à un mode de progression cyclique lorsqu'un programme de langue repose d'abord et avant tout, soit sur des fonctions langagières, soit sur des tâches communicatives.

A. LA SÉLECTION GRAMMATICALE

Au chapitre 4, nous avons exposé les grandes lignes de la grammaire universelle, telle qu'élaborée dans le cadre de la théorie chomskyenne des principes et des paramètres. Dans ce chapitre-ci, nous voudrions tirer tout d'abord les implications de la grammaire universelle sur la sélection des éléments grammaticaux, dans un programme ou un cours de L2, illustrer ensuite, en l'appliquant au cas du verbe, un principe de sélection relativement négligé jusqu'ici, à savoir le regroupement et, enfin, présenter deux principes de sélection propres à l'approche communicative : les fonctions langagières et les tâches communicatives.

1. LA GRAMMAIRE UNIVERSELLE ET L'IMPORTANCE DES PARAMÈTRES

Sur le plan didactique, les conséquences de la théorie de la grammaire universelle pourraient surtout se faire sentir en matière de choix et de mode de regroupement des éléments grammaticaux. Par exemple, au lieu de procéder à la sélection des éléments grammaticaux de la langue-cible à partir de l'établissement de différentes règles grammaticales, il y aurait grand intérêt, éventuellement, à prendre en compte la notion de paramètre, comme celui de l'opacité, permettant ainsi d'unifier la présentation de constructions telles que la position de l'adverbe, de la négation et de certains quantificateurs. Il s'agirait, en somme, de regrouper selon leurs affinités certains phénomènes grammaticaux habituellement présentés de manière dispersée à l'aide d'une série de règles grammaticales apprises en fonction de chacun de ces cas. Par exemple, suggère Cook (1994), pour l'apprentissage du français par des anglophones, on pourrait regrouper une série d'énoncés recourant à la position non opaque pour la négation avec *pas*, l'adverbe *souvent*, et le quantificateur *tous*. À l'heure actuelle, toutefois, compte tenu de l'état encore embryonnaire des recherches sur le concept de paramètre, on ne dispose pas de données suffisantes qui pourraient être regroupées de cette manière, dans une perspective proprement didactique.

2. LE REGROUPEMENT DES ÉLÉMENTS GRAMMATICAUX : LE CAS DU VERBE

Un principe de base auquel il peut paraitre souhaitable de recourir, lorsqu'on adopte une perspective résolument linguistique, est celui du regroupement des éléments grammaticaux qui sont apparentés formellement ou sémantiquement. Faire apprendre ensemble ce qui se ressemble et ce, de façon organisée et répétée, aide surement à l'intelligence et à la mémorisation de bon nombre de phénomènes de langue, lesquels se retrouvent normalement épars dans le discours, et généralement dans les descriptions grammaticales.

Une illustration du regroupement formel nous est fournie par le cas du verbe (Jaussaud 1986; Séguin 1986, 1989, 1992). Tel qu'expliqué au chapitre 3, section B4, la conjugaison des verbes en -*er* présente un système parfaitement cohérent et prévisible, qui reçoit exclusivement, depuis ce siècle, tous les nouveaux verbes, créés (comme *télécopier*) ou empruntés (comme *faxer*). Ce groupe dynamique, dont les effectifs ne cessent de s'accroitre, forme la conjugaison régulière d'environ 90 % des verbes du français contemporain.

Un premier regroupement consiste donc à réunir ces verbes (formant une classe ouverte) et à les distinguer de tous les autres (formant une classe fermée), qui n'ont pas cette désinence infinitive vocalique /e/, écrite avec un *r* muet : ER. Ce sont bien les verbes à désinence infinitive consonantique /r/, écrite avec ou sans *e* : R(e), qui font difficulté et qu'il est vain de classer en *-ir*, *-oir* et *-re*. Un deuxième regroupement devra donc se faire selon un autre critère que celui de l'infinitif : le plus simple et le plus efficace est de classer, de regrouper les verbes selon leur comportement flexionnel au présent (de l'indicatif).

Tableau 5
LES QUATRE CLASSES DE CONJUGAISONS SELON LE NOMBRE DE RADICAUX REQUIS AU PRÉSENT

	CLASSES	DÉFINITIONS	EXEMPLES
1	A-A-A	Cette classe comprend les verbes qui se conjuguent avec un seul radical, au singulier, au pluriel *ils/elles* et au pluriel *nous/vous*.	*cour-ir, march-er*
2	A-A-B	Cette classe comprend les verbes qui se conjuguent avec deux radicaux : le même radical est employé au singulier et au pluriel *ils/elles*, donc devant désinences muettes, mais un deuxième radical sera requis pour recevoir les désinences prononcées du pluriel *nous/vous*.	*mour-ir, crev-er*
3	A-B-B	Cette classe comprend les verbes qui se conjuguent avec deux radicaux : le verbe aura un radical court au singulier et un même radical long aux deux pluriels.	*fini-r, li-re par-t-ir, ren-d-re*
4	A-B-C	Cette classe comprend les verbes qui se conjuguent avec trois radicaux : l'un pour le singulier, un deuxième pour le pluriel *ils/elles* et un troisième pour le pluriel *nous/vous*.	*boi-re dev-oir pren-d-re*

Légende

A : symbolise le radical de tous les verbes au singulier du présent de l'indicatif. Le radical **A** est employé aux trois personnes du singulier : *je, tu, il, elle, on, cela, ce, ça (je LI-s, tu VIEN-s, on VOI-t)*. Ce même radical pourra être repris au pluriel.

B : symbolise le deuxième radical de plusieurs verbes, au présent. Le radical **B** est employé, comme deuxième radical, soit aux deux pluriels *(ils LIS-ent/vous LIS-ez)*, soit au pluriel *ils/elles (ils VIENN-ent)*, soit au pluriel *nous/vous (vous VOY-ez)*.

C : symbolise le troisième radical de quelques verbes, au présent. Le radical **C** est employé, comme troisième radical, au pluriel *nous/vous (vous VEN-ez)*.

On obtient ainsi *un système qui comprend quatre classes flexionnelles* : c'est cela même qu'il faut enseigner. Il ne s'agit donc plus de faire apprendre «l'art de conjuguer 12 000 verbes», mais bien de faire comprendre comment le système fonctionne. Nous proposons donc aux enseignants de l'expliquer et ainsi d'inviter les apprenants à réfléchir au phénomène et à se créer leur propre «conjugueur» : à grouper eux-mêmes, à partir de leurs connaissances acquises, les verbes qui se conjuguent de la même façon, en les mettant dans l'une des *quatre classes* du tableau 5, qui comprennent au maximum *trois radicaux*.

Tous les verbes (sauf *être, avoir, aller, faire* et, à la rigueur, *dire*) appartiennent à l'une de ces quatre classes flexionnelles ou conjugaisons. Ces formes de base serviront à former d'autres modes-temps (formes dérivées selon des règles qui souffrent peu d'exceptions) : impératif, subjonctif, imparfait, participe présent (Séguin 1992).

Pour donner un caractère pratique à ce qui précède, et pour mettre à l'épreuve son bien-fondé, nous invitons le lecteur à un petit exercice d'initiation au «conjugueur» proposé, qui consiste à reclasser les verbes du troisième groupe traditionnel. Il est entendu que le classement se fait selon la prononciation des formes verbales, les particularités graphiques pouvant, si désiré, être prises en compte, mais après le classement de l'oral (comme il se doit pour décrire une langue comme le français[1]).

---

[1] Le français a essentiellement une écriture alphabétique, c'est-à-dire phonographique et non idéographique : les suites graphiques ne peuvent s'interpréter que par rapport à la face orale de la langue, sinon les classements deviennent inadéquats. Ainsi, la description traditionnelle de la morphologie verbale, qui ne tient pas compte de l'oral, considère comme différentes les conjugaisons de *recevoir* et de *devoir*, alors que le premier verbe ne se distingue du second que par la cédille qui apparait devant *o* et *u*, selon d'ailleurs les contraintes du code phonographique. Cette façon de faire engendre inutilement un nombre trop grand de «modèles» de conjugaison.

3. L'APPROCHE COMMUNICATIVE ET LA REMISE EN CAUSE DES PRINCIPES DE SÉLECTION

De manière générale, lorsqu'il est question de sélection grammaticale, le principe fondamental à adopter est qu'on ne saurait enseigner toutes les propriétés grammaticales d'une langue. Avec l'avènement de l'approche communicative (Germain 1993b), ce sont précisément les principes de sélection de nature proprement linguistique qui sont remis en cause. De nos jours, la question qui se pose à propos de la sélection grammaticale est celle de savoir si le programme ou le cours de langue doit être organisé d'abord et avant tout autour de notions grammaticales ou lexicales, comme c'était le cas autrefois.

On se rappellera que dans la méthodologie SGAV c'est la fréquence du vocabulaire qui a servi de critère de sélection dans chacune des leçons : les mots les plus fréquents du lexique étaient enseignés dès les premières leçons, quel que soit leur niveau de difficulté. Quant à la sélection grammaticale, elle était également fondée sur la fréquence d'utilisation, mais était interprétée de façon beaucoup plus floue. De la même manière, ce sont les formes linguistiques qui ont servi, vers la même époque, à l'élaboration de chacune des leçons des nombreux manuels fondés sur la méthodologie audio-orale de souche américaine. Chaque leçon était élaborée à partir d'un nombre limité de structures grammaticales, ou cadres syntaxiques, dont le choix reposait sur les résultats d'une étude comparée de la langue source et de la langue cible, comme on l'a vu au premier chapitre.

Dans le cadre de l'approche communicative, certains spécialistes proposent désormais de construire chacune des leçons autour de notions comme le temps, l'espace, la durée, etc. (approche notionnelle), de fonctions comme demander un renseignement, exécuter un ordre, etc. (approche fonctionnelle), de situations comme au restaurant, au bureau de poste, à la gare (approche situationnelle) ou, plus récemment, de tâches comme réserver un billet de train, acheter un vêtement (approche centrée sur la tâche, Long et Crookes 1992; Kumaravadivelu 1993). Dans tous ces cas, quel que soit le principe premier de sélection, les aspects formels de la langue occupent une seconde place : la primauté est accordée au message ou au contenu à communiquer, de sorte que la forme linguistique (lexique, structures syntaxiques, éléments grammaticaux proprement dits) vient maintenant en deuxième lieu. Quel traitement lui réserver? Pour certains, comme Brumfit (1980), les programmes de L2 doivent continuer à être organisés d'abord et avant tout autour de concepts ou d'éléments grammaticaux, compte tenu du fait que les éléments grammaticaux peuvent être ordonnés suivant certains principes alors que les fonctions langagières, par exemple, ne peuvent être qu'énumérées. D'après Brumfit, toute considération d'ordre notionnel, fonctionnel, situationnel, ou centrée sur la tâche devrait être articulée sur des points de grammaire préalablement déterminés; c'est donc la grammaire qui doit continuer à former le noyau fondamental de tout programme de L2.

Pour notre part, nous ne croyons pas que l'on puisse, à priori, répondre à la question de la place de la grammaire dans un programme de langue sans d'abord s'interroger sur les objectifs du cours en question, sur les caractéristiques des apprenants et du milieu d'enseignement *(voir la grille de Celce-Murcia, chapitre 2)*. Dans cette perspective, nous devons admettre comme plausible la solution de Brumfit dans le seul cas où l'objectif fondamental d'un cours de L2 serait l'apprentissage de la grammaire comme une fin en soi, et non seulement comme un moyen en vue d'autres fins (Séguin 1989b). Par contre, dans les autres cas, là où la visée prioritaire est l'apprentissage de la communication, par exemple, nous croyons plutôt qu'il faudrait opter pour la solution inverse, c'est-à-dire élaborer d'abord un programme de langue autour de notions, de situations, de fonctions ou de tâches et, dans un second temps seulement, y greffer les éléments grammaticaux correspondants.

C'est à ce moment seulement que se pose la question de la sélection des éléments grammaticaux à enseigner. Il ne s'agit donc pas d'éliminer la grammaire, bien au contraire. Il est plutôt question de déterminer la manière de choisir les aspects grammaticaux de la langue à enseigner, tout en se situant dans le cadre d'une approche qui réponde aux objectifs des apprenants. Essentiellement, la question revient à s'interroger sur la manière d'intégrer les formes ou notions grammaticales dans une approche qui privilégie avant tout le message (notions, fonctions, situations, tâches). En d'autres termes, comment établir des liens entre le code (les formes grammaticales) et la communication (le contenu à communiquer)? Comme l'idée d'un programme de langue centré autour de notions a déjà été longuement débattue dans le passé, à partir notamment des suggestions de Wilkins (1976), et comme il existe très peu de programmes de cette nature, il n'en sera pas question ici. Nous laisserons également de côté l'approche dite situationnelle, qui est à la source de la méthode situationnelle britannique qui a cours depuis les années 1920-1930 (Germain 1993a). Par ailleurs, nous voudrions présenter deux principes de sélection qui suscitent encore un très grand intérêt chez les didacticiens de la langue : les fonctions langagières et les tâches communicatives.

La sélection grammaticale et les fonctions langagières

On peut identifier, pour chacune des fonctions langagières préalablement choisies (exprimer son accord ou désaccord, argumenter, etc.), un certain nombre de points grammaticaux à faire travailler par les apprenants, comme dans l'exemple suivant.

FONCTIONS LANGAGIÈRES : POINTS GRAMMATICAUX RELEVÉS ET RETENUS

Exprimer ses sentiments et ses goûts :
- l'adverbe en -*ment*,
- le pronom personnel complément,
- le pronom démonstratif.

Demander ou donner des informations pratiques :
- la phrase interrogative et la phrase affirmative,
- *tout* adjectif ou adverbe.

Extraits de Hardy (1992a) : 30-32, 91-95.

Ce qui caractérise cette façon de procéder, c'est que l'accent reste mis sur le message (en l'occurrence, la fonction langagière), sans que ne soient négligées pour autant les formes linguistiques nécessaires pour la réalisation de ces fonctions. Le point de départ n'est pas grammatical mais fonctionnel car ce sont les formes grammaticales qui viennent se greffer sur les fonctions langagières, et non l'inverse.

La sélection grammaticale et les tâches communicatives

Outre les fonctions langagières, on peut également recourir, comme principe premier de sélection (et de progression, les deux étant plus ou moins indissociables), au concept de tâche communicative (Brown et Yule 1992; Candlin et Murphy 1987; Long et Crookes 1992; Nunan 1993). Pour voir de quoi il s'agit, nous allons nous référer à une recherche d'envergure, conduite en Écosse, qui s'est précisément penchée sur la question du choix des éléments grammaticaux à enseigner, dans le cadre d'un programme de langue centré d'abord sur des tâches communicatives (Brown et Yule 1992; Brown et coll. 1984). À partir de l'enregistrement d'au-delà de cinq cents apprenants écossais, âgés de quatorze à dix-sept ans, les auteurs ont réussi à établir une typologie de tâches communicatives, permettant de procéder à une sélection (et à une progression) en allant des tâches les plus simples aux plus complexes, comme dans le tableau suivant.

Tableau 6

PRINCIPAUX TYPES DE TÂCHES COMMUNICATIVES

RELATIONS STATIQUES
    Décrire un objet ou une photographie
    Donner des indications à quelqu'un pour dessiner un diagramme
    Donner des indications à quelqu'un sur la façon d'assembler les parties d'un objet quelconque
    Décrire ou donner des indications à quelqu'un sur la manière d'organiser ou de classer un certain nombre d'objets
    Indiquer la route à quelqu'un

RELATIONS DYNAMIQUES
    Raconter une histoire
    Faire le récit d'un évènement dont on a été témoin

RELATIONS ABSTRAITES
    Exprimer son opinion
    Justifier ses actions

Source : Brown et Yule 1992 : 109.

Une des grandes originalités de cette recherche est le fait que le critère de sélection et de regroupement des tâches grammaticales est le degré de complexité grammaticale auquel donne lieu tel ou tel type de tâche communicative. Par exemple, à la suite de l'enquête (faite dans la L1 des apprenants), il ressort qu'il est plus complexe, sur le plan grammatical, de raconter une histoire que d'exprimer son opinion; faire le récit d'un accident dont on a été témoin est également plus complexe, sur le plan grammatical, que d'indiquer la route à quelqu'un. Mais, même le récit d'un accident peut comporter des degrés variés de complexité. Par exemple, un accident n'impliquant que deux voitures est, grammaticalement, beaucoup plus simple à rapporter qu'un accident impliquant trois ou quatre voitures. C'est pourquoi d'ailleurs, dans les applications de leurs résultats dans la perspective de l'enseignement d'une L2, les auteurs suggèrent de recourir à différents types d'illustrations comportant un nombre d'objets parfois réduit, parfois élevé, selon qu'il s'agit de faire produire des structures grammaticales tantôt simples, tantôt complexes (Brown et Yule 1992).

Ainsi, lorsque les objectifs de l'enseignement/apprentissage d'une L2 visent prioritairement la communication, il parait possible d'élaborer un programme de langue à partir *d'abord* de fonctions, de notions, de situations ou de tâches, en ne prenant en considération qu'en second lieu les éléments grammaticaux impliqués. Cela nous parait donc réalisable dans la pratique, comme l'illustrent, en tout cas, les deux façons de faire qui viennent d'être brièvement présentées.

B. LA PROGRESSION GRAMMATICALE

Compte tenu des évolutions récentes de la didactique des langues, il parait légitime de se demander ce qu'il advient, de nos jours, de la notion de progression dans le cadre d'un programme ou d'un cours de L2. Pour répondre convenablement à la question, il semble utile de faire la distinction entre deux types de préoccupations. D'une part, qu'advient-il de la notion de progression grammaticale lorsque, compte tenu des objectifs visés et des besoins des apprenants, un programme de langue repose d'abord et avant tout sur des éléments grammaticaux? D'autre part, à l'inverse, lorsque la priorité est accordée aux fonctions langagières ou aux tâches communicatives, qu'advient-il de la notion de progression grammaticale? Dans le premier cas, nous croyons utile de recourir à la notion de préalables grammaticaux; dans le second, à la notion de progression cyclique.

1. LES PRÉALABLES GRAMMATICAUX

La progression grammaticale est un concept relativement récent dans l'histoire de la didactique des langues. À quelques exceptions près, cette notion est en effet apparue de façon systématique autour des années 1920, alors que certains linguistes appliqués de l'époque ont tenté de rattacher au domaine de la grammaire le concept de fréquence, d'abord conçu pour le seul lexique. Mais les listes de fréquence des éléments syntaxiques n'ont pas eu l'impact des listes de fréquence du lexique. On concevait assez mal que l'on puisse, en la matière, recourir à un autre critère que celui de la simplicité ou de la facilité. De plus, ces critères étaient fondés sur le jugement du sens commun, qu'on acceptait difficilement de remettre en cause.

Mais après la fin de la Deuxième Guerre mondiale, sous la pression des linguistes appliqués américains, s'est développée une prise de conscience de l'importance, voire du caractère indispensable d'une progression grammaticale. Au cours de la période 1945-1965, les spécialistes de la linguistique appliquée américaine, comme Fries et Lado, ont cru avoir trouvé la clé d'un programme efficace : l'analyse comparée (ou différentielle ou contrastive) de la langue de départ (L1) et de la langue cible (L2). Au début des années 1960, on croyait donc non seulement possible, mais essentiel, de faire reposer tout programme de L2, tant en ce qui concerne la sélection que le groupement ou la progression, sur une rigoureuse description linguistique des deux langues en présence (Mackey 1972; Stern 1983, 1992).

Ce n'est que quelques années plus tard que certains doutes ont été émis concernant la possibilité théorique d'établir des principes de progression d'ordre linguistique, ou même psychologique. En effet, certains chercheurs se sont alors rendu compte qu'on ne sait pas dans quelle mesure les catégories linguistiques correspondent à une réalité psychologique.

Toute progression grammaticale, si logique soit-elle sur ce plan, ne semble pas toujours coïncider, loin de là, avec le mode de progression psychologique de l'apprenant. On se demande même si un type de progression (linguistique) linéaire, éléments par éléments présentés successivement, ne risquerait pas, dans certains cas, de bloquer l'apprentissage, dans la mesure où le mode de progression psychologique de l'apprenant serait non linéaire. Depuis le début des années 1980, l'avènement des programmes qui se veulent de plus en plus communicatifs a contribué à miner grandement la confiance en une progression d'ordre exclusivement linguistique (ou grammatical).

Cependant, il faut reconnaitre que la grammaire d'une langue ne saurait être enseignée d'un seul bloc. Sans prédéterminer de façon précise et minutieuse la séquence des éléments grammaticaux d'un programme ou d'un cours de langue, comme on le faisait autrefois, on peut recourir au concept de préalables grammaticaux (Allen et Valette 1977; Stern 1992). En effet, certaines formes grammaticales complexes présupposent la maitrise initiale d'éléments plus simples, comme dans l'exemple suivant.

PRÉALABLES GRAMMATICAUX

La présentation systématique de la position, dans la phrase, des pronoms objets (comme dans *Il le leur donne*) présuppose la maitrise de la forme des pronoms objets et de la forme des verbes avec lesquels on utilise ce type de pronoms.

Le conditionnel présuppose la maitrise de la formation des temps du futur et de la terminaison de l'imparfait.

L'accord des adjectifs requiert la maitrise au préalable du genre des noms avec lesquels ces adjectifs s'accordent.

Le choix entre l'imparfait et le passé composé exige d'abord un bonne maitrise des formes de l'imparfait d'une part, et du passé composé d'autre part.

L'utilisation du passé composé avec *être* présuppose la connaissance du temps présent du verbe *être*, les formes régulières des adjectifs, les formes du participe passé des verbes en *-er*, etc.

Extrait de Allen et Vallette 1977 : 82, 83.

Comme on aura pu le constater, la notion de préalables grammaticaux repose sur une analyse interne des aspects grammaticaux d'une langue (et non pas, comme c'était le cas avec la méthode audio-orale, sur une analyse comparée de L1 et de L2). Ce type de progression grammaticale ne tient toutefois nullement compte des stratégies, des styles d'apprentissage ou des modes de développement de la L2 des apprenants.

2. UNE PROGRESSION CYCLIQUE

À partir des années 1970, la notion de progression cyclique, ou en spirale, a connu une certaine faveur chez plusieurs tenants de l'approche communicative, désireux d'échapper, disait-on, à la linéarité des progressions spécifiquement linguistiques. Il s'agit d'un principe d'ordre pédagogique. L'un des mérites de ce principe est que la première présentation d'un élément grammatical n'a pas besoin d'être exhaustive (Séguin 1989b). Dans un premier temps, seuls les éléments jugés les plus pertinents peuvent être choisis; ce n'est que dans un second ou dans un troisième temps que peuvent être proposés les autres aspects complémentaires de l'élément grammatical en question, tout en révisant les premiers aspects déjà présentés. Par exemple, une fonction langagière comme prendre rendez-vous pourrait être présentée, à un stade relativement élémentaire de l'enseignement, en mettant l'accent, à l'aide de structures simples, sur le moment (date, jour, heure) alors qu'à un niveau plus avancé, la même fonction langagière pourrait être reprise en faisant appel, cette fois, à des structures grammaticales un peu plus complexes, en rapport avec le lieu et la tâche à exécuter. Pour les tâches communicatives, on pourra se reporter aux suggestions de Brown et Yule (1992) sur la sélection grammaticale et aller des tâches les plus simples aux plus complexes : plus une tâche communicative est abstraite, plus complexe est sa réalisation sur le plan grammatical.

On pourrait également procéder de façon différente, bien que relativement semblable, en présentant tout d'abord globalement l'ensemble des éléments grammaticaux à faire apprendre, pour ensuite reprendre, au fil des leçons, chacune des parties constituant ce tout.

Mais, en dépit de ses mérites, la progression cyclique ne semble pas trouver sa justification dans le mode de fonctionnement de l'apprenant. Il s'agit, là encore, d'un type de progression qui tient très peu compte de l'apprenant, c'est-à-dire de ses stratégies ou de son style d'apprentissage.

En somme, avec le développement de la grammaire universelle, dans le cadre de la théorie chomskyenne des principes et des paramètres, il se pourrait que la notion de paramètre puisse en arriver éventuellement à dépasser, en quelque sorte, le concept étroit de règle grammaticale, de manière à unifier la présentation de constructions qui, à l'heure actuelle, sont présentées de manière éparse. Toutefois, d'ici à ce que la recherche en didactique des langues puisse se développer dans ce sens, il convient de s'en remettre, en ce qui a trait à la sélection et à la progression grammaticales, à trois modalités majeures. D'un côté, compte tenu des objectifs et des intérêts des apprenants, lorsque la grammaire est conçue comme un but à atteindre (et non simplement comme un moyen visant la communication, par exemple), les auteurs de programmes de L2 ou de manuels auraient intérêt à s'en remettre au concept de regroupement (illustré par le cas du verbe) ou à celui de préalables grammaticaux, tel que suggéré par Allen et Valette (1977) et repris par Stern (1992). D'un autre côté, dans le cadre d'une approche communicative, fondée avant tout sur les fonctions langagières ou sur les tâches communicatives, tout porte à croire que l'on peut associer certaines structures grammaticales spécifiques, soit à des fonctions langagières particulières, soit à des tâches précises. Quant à la progression, elle peut être cyclique.

CHAPITRE 6

ENSEIGNEMENT ET APPRENTISSAGE DE LA GRAMMAIRE D'UNE L2

On ne saurait dissocier la question de l'enseignement de la question de l'apprentissage de la grammaire d'une L2. C'est que l'enseignement de la grammaire est tributaire de l'idée que l'on se fait, non seulement de la langue, mais aussi de son apprentissage (par intuition, par explications, par la pratique et l'étude de règles formelles, par analogie, etc.). C'est pourquoi nous croyons important de tenir compte des études sur l'apprentissage susceptibles de fournir des indications quant à l'enseignement d'une L2, plus précisément de la grammaire d'une L2. Au cours des dernières années, deux hypothèses particulièrement audacieuses et stimulantes ont été émises touchant l'apprentissage de certains aspects grammaticaux d'une L2, dont les répercussions didactiques et pédagogiques sont considérables : il s'agit des hypothèses de Krashen d'une part, et de Pienemann d'autre part.

D'emblée, rappelons que, selon Krashen (1985), le fait de s'attarder en classe de L2 aux aspects formels (surtout d'ordre morphologique) de la langue à apprendre pourrait aller jusqu'à nuire au développement d'une compétence de communication; c'est pourquoi, selon lui, il est nécessaire et suffisant que l'apprenant soit exposé à des activités signifiantes de compréhension *(comprehensible input hypothesis)*. Il s'ensuit que l'enseignement de la grammaire n'aurait pas sa place dans un cours de L2. Quant à Pienemann (1984, 1989), il croit que certaines structures linguistiques se développent en suivant des stades prédéterminés : c'est l'hypothèse de la non-apprenabilité de certaines formes grammaticales, en L2.

Comme on peut le constater, les hypothèses de Krashen et de Pienemann sur l'apprentissage imposent de très sérieuses restrictions à ce qui devrait ou pourrait être enseigné sur le plan grammatical, en classe de L2. Sur un plan plus général, elles soulèvent toutes deux, chacune à sa manière, la délicate question des rapports entre l'apprentissage et l'enseignement de la grammaire d'une L2. Elles méritent donc, à plus d'un titre, d'être examinées attentivement.

Au cours du présent chapitre, nous voudrions, tout en procédant à un rapprochement rarement fait entre les hypothèses de Krashen et de Pienemann, en examiner le bien-fondé, à partir d'une synthèse des recherches empiriques dont on dispose sur la question à l'heure actuelle. Dans le cas de Krashen, nous ferons notamment référence aux données provenant des nombreuses recherches sur les classes canadiennes d'immersion en français; dans le cas des hypothèses de Pienemann, nous nous inspirerons surtout des données provenant d'un champ d'études en émergence, relativement autonome avec ses propres problématiques, théories et publications[1] : le domaine de l'acquisition des L2 (Ellis 1990, 1994; Larsen-

---

[1] *Studies in Second Language Acquisition, Language Learning, Second Language Research. Applied Linguistics* et *Applied Psycholinguistics* publient aussi régulièrement des articles sur ce sujet.

Freeman et Long 1991; Gass et Selinker 1994). En cours d'exposé, nous ferons état des problèmes didactiques que soulève chacune de ces hypothèses et, enfin, nous dégagerons des questions débattues un certain nombre d'implications pédagogiques. Nous espérons ainsi en arriver à formuler, en rapport avec l'enseignement de la grammaire en classe de L2, une prise de position éclairée et fondée sur des données d'ordre empirique plutôt que sur la simple intuition ou sur le courant de pensée le plus à la mode.

A. ENSEIGNER LA GRAMMAIRE PEUT-IL NUIRE À L'APPRENTISSAGE DE LA L2?

1. QUELQUES HYPOTHÈSES DE KRASHEN

Pour les besoins de la présente discussion, qu'il suffise de rappeler que ce qui importe avant tout, selon Krashen (1985), c'est que l'apprenant soit largement exposé à de très nombreuses activités de compréhension signifiantes (à l'oral ou à l'écrit). Selon cet auteur, pour apprendre une L2, il est *nécessaire et suffisant* d'être mis dans un environnement linguistique riche et varié, sous la forme d'activités signifiantes d'écoute ou de lecture. Autrement dit, pour apprendre une L2, il n'est pas nécessaire de *produire*, c'est-à-dire de parler ou d'écrire : seules les activités de compréhension comptent. C'est que, précise Krashen, il est préférable de laisser les apprenants parler seulement au moment où ils se sentent prêts à le faire.

D'après Krashen, il n'est pas nécessaire d'apprendre la grammaire pour apprendre à maitriser une L2 : les exercices qui, en salle de classe, mettent l'accent sur les aspects formels de la langue empêchent même les apprenants de communiquer de manière authentique. C'est que toute concentration sur la forme linguistique fait nécessairement passer le contenu de la communication au second plan. Ainsi, l'apprentissage grammatical, en milieu scolaire, pourrait nuire à l'apprentissage de la communication. C'est pourquoi Krashen recommande aux enseignants de s'abstenir de faire faire aux élèves des exercices de grammaire et, surtout, d'éviter de corriger les erreurs sous prétexte que cela pourrait bloquer leur mécanisme d'apprentissage. Les contenus grammaticaux abordés en classe de L2 se réduisent aux questions de nature grammaticale posées par les élèves. Le professeur de langue, de son côté, n'a pas à se soucier de présenter des notions d'ordre grammatical, sauf dans le cas de l'enseignement à des adultes (dans ce cas, une place, réduite cependant, peut être accordée à des leçons de grammaire formelles). Dans l'approche de Krashen, la grammaire est donc réservée aux situations où elle n'interfère pas avec la communication. Autant dire qu'elle n'occupe pratiquement aucune place.

C'est ainsi que, en grande partie sous l'influence d'un auteur comme Krashen, de nombreux enseignants en sont venus à cette idée que l'enseignement de la grammaire n'aurait pas de place, ou peu de place, notamment dans le cadre d'une approche qui se veut avant tout communicative. Chez ces enseignants, l'enseignement de la grammaire a été associé à la pratique d'exercices structuraux ennuyeux.

2. LE CAS DE L'IMMERSION

Que peut-on penser des vues de Krashen? Pour éclairer notre lanterne didactique, nous avons la chance de disposer, depuis quelques décennies, de précieuses données sur les effets pratiques d'un apprentissage scolaire de la L2, à visée communicative, sans accent mis expressément sur les connaissances grammaticales de la langue. Il s'agit des nombreuses études portant sur les classes d'immersion en français, au Canada. L'immersion en français destinée aux anglophones canadiens se caractérise par le fait que c'est le français, langue d'apprentissage, qui sert de langue d'enseignement des matières scolaires :

mathématiques, sciences, histoire, etc. Or, dans la très grande majorité des situations observées (mais il y a des exceptions), il s'agit d'un type d'enseignement centré *exclusivement* sur des activités signifiantes de compréhension et de communication, comme le réclame Krashen qui, d'ailleurs, affirme que les classes d'immersion sont l'illustration la plus fidèle de ses conceptions.

Les points forts et les points faibles

En gros, il ressort, surtout des nombreuses recherches empiriques conduites sur l'immersion, que les apprenants exposés à ce type d'enseignement finissent par développer une grande confiance en eux, ont un degré élevé de compréhension (à l'oral et/ou à l'écrit) et sont à l'aise pour communiquer dans la L2. Les classes d'immersion sont effectivement intéressantes pour développer la compréhension en début d'apprentissage, notamment dans les cas où les contacts des apprenants avec la L2 se limitent à la classe de langue. Rien n'assure, cependant, que cela puisse être suffisant pour permettre aux apprenants de poursuivre leur développement de la langue à des niveaux plus avancés.

Toutefois, la principale difficulté a trait au faible degré de maitrise des aspects formels de la langue apprise. En effet, les élèves de l'immersion précoce (ayant débuté dès la maternelle ou dès la première année) commettent de très nombreuses erreurs (à l'oral et à l'écrit) dues en partie au transfert négatif de l'anglais vers la L2 *(I'm finished > *Je suis fini)* et, pour une autre partie, à une surgénéralisation des règles de fonctionnement de la L2. Par exemple, sur le plan grammatical, les enfants en classe d'immersion omettent des auxiliaires, des pronoms et des déterminants (surtout les articles définis), font un suremploi du genre masculin, recourent à l'imparfait plutôt qu'au passé composé, à l'auxiliaire *avoir* plutôt qu'*être* dans la formation du passé composé, évitent la forme passive, etc. (Rebuffot 1993 : 92, 93). À l'écrit, les difficultés majeures portent surtout sur la syntaxe et sur le maniement des prépositions en français. Les problèmes seraient sensiblement du même ordre dans les cas de l'immersion tardive (qui débute en sixième, septième ou huitième année).

La fossilisation linguistique

Là où les classes d'immersion se concentrent *exclusivement* sur le contenu, en négligeant de porter attention aux aspects formels de la L2, les risques de fossilisation sont plus élevés. Le terme de *fossilisation* fait ici référence au phénomène de la permanence, chez un apprenant, dans l'état de développement de sa L2, de formes déviantes ou erronées, qui continuent de se produire en dépit de la poursuite d'une exposition à la L2, d'une pratique systématique, ou encore, des explications d'un enseignant. La fossilisation linguistique ne signifie pas la cessation de l'apprentissage mais bien la stabilisation de formes linguistiques erronées (Gass et Selinker, 1994). Il s'agit donc de l'atteinte d'un plateau dans le développement d'une L2.

Tel est le cas, précisément, de plusieurs élèves des classes d'immersion qui, en mesure de communiquer ou, en tout cas, de se faire plus ou moins comprendre de leur enseignant, atteignent un palier indépassable dans leur développement langagier. Même s'il n'existe aucune théorie explicative satisfaisante de la stabilisation des erreurs, tout porte à croire qu'il y a fossilisation lorsqu'un apprenant possède suffisamment d'éléments langagiers lui permettant de se débrouiller dans la L2; il ne ressentirait plus, dès lors, la nécessité d'améliorer la qualité de sa production langagière.

Un autre motif évoqué pour rendre compte du phénomène est précisément l'absence de correction grammaticale dans certaines classes d'immersion. Autrement dit, dans les groupes d'immersion où la forme grammaticale est négligée au seul profit du contenu enseigné (les matières scolaires), les risques de fossilisation paraissent plus élevés. Un des facteurs susceptibles d'expliquer la fossilisation des erreurs d'un élève de la classe d'immersion serait la trop grande production de formes linguistiques erronées de la part des autres élèves de la même classe. Mais, fait à noter, ce «classolecte» résulterait, à son tour, des excès d'un enseignement centré sur le contenu seulement, au détriment de la correction formelle.

Ainsi, contrairement à ce qu'affirme Krashen, de nombreuses observations systématiques en classe d'immersion en français montrent qu'il n'est *pas suffisant*, pour en arriver à apprendre des structures grammaticales, d'être exposé (passivement) à ces dernières. Le fait de présenter à l'apprenant des activités signifiantes de compréhension, bien que nécessaire, n'est pas en lui-même suffisant pour favoriser un usage productif des aspects formellement marqués d'une L2 en classe de langue (Harley et Swain 1984 : 309). Par exemple, même si une maitrise de la forme passive est essentielle pour comprendre les textes des manuels utilisés dans l'enseignement de quelques matières scolaires, il reste que les tournures passives sont peu fréquentes dans la conversation courante. Il y a donc très peu de chances que l'apprenant soit exposé, au hasard du langage quotidien, à ce type de phrases. Une simple exposition à la langue est nettement insuffisante pour en assurer une maitrise convenable.

3. QUELQUES IMPLICATIONS PÉDAGOGIQUES

Compte tenu des erreurs persistantes dans l'apprentissage du français en classe d'immersion, la plupart des grands spécialistes de l'immersion, comme Swain et Lapkin (1986), Lyster (1990), Harley (1991), Rebuffot (1993) – et bien d'autres aussi qu'il serait cependant trop long de mentionner – s'accordent pour recommander fortement aux enseignants de procéder à un enseignement analytique, c'est-à-dire à une étude réfléchie de la langue : en faire voir les règles et les régularités, les structures importantes et les relations systématiques qui les lient. Bref, contrairement aux vues de Krashen, tout porte à croire qu'il faut en venir à un enseignement systématique de la grammaire, si l'on veut éviter, en tout cas, la fossilisation linguistique.

Toutefois, préviennent les spécialistes de la question, mettre l'accent sur un enseignement explicite de la grammaire ne doit pas être interprété pour autant comme un retour aveugle au passé (à la méthode grammaire-traduction). Il serait dommage si, en recourant à un enseignement formel de la grammaire, l'immersion en venait à renoncer à ce qui constitue l'une de ses forces actuelles, à savoir son caractère fonctionnel : un enseignement grammatical en soi, hors contexte, détaché des emplois de la langue dans des situations signifiantes, serait à peu près équivalent à un enseignement totalement dépourvu de grammaire. Nous serions alors ramenés à la case départ.

En somme, l'hypothèse de Krashen, selon laquelle le fait de s'attarder aux aspects formels de la langue à apprendre en classe de L2 pourrait nuire au développement d'une compétence de communication, va à l'encontre de la très grande majorité des observations faites dans le cadre des recherches empiriques portant notamment sur l'apprentissage des aspects grammaticaux d'une L2 en milieu immersif. Tout plaide en faveur du recours à un enseignement systématique de la grammaire en classe de L2.

B. TOUTES LES FORMES GRAMMATICALES, DANS UNE L2, PEUVENT-ELLES ÊTRE ENSEIGNÉES?

Un autre défi d'importance, pour les enseignants de L2, provient, cette fois, des hypothèses de Pienemann, qu'il convient de situer dans le sillage des nombreux travaux de recherche portant sur la notion de progression des éléments grammaticaux dans un programme ou dans un cours de L2. Du point de vue de l'apprentissage (et non du simple point de vue de la hiérarchie des contenus linguistiques), les recherches empiriques portant sur la problématique de la progression remontent à au-delà d'une bonne vingtaine d'années.

1. L'ORDRE D'ACQUISITION DE CERTAINS MORPHÈMES

Depuis ce temps, de nombreux chercheurs considèrent que l'ordre d'acquisition de certains morphèmes de la langue anglaise serait prédéterminé. (On dispose malheureusement de trop peu de recherches empiriques sur le français pour pouvoir en tirer quoi que ce soit de valable, à l'heure actuelle.) Autrement dit, l'acquisition de certains éléments grammaticaux, en milieu scolaire, *quelle que soit la langue première des apprenants*, suivrait certaines étapes précises que l'élève ne pourrait pas sauter. En voici un exemple, emprunté aux études de Krashen.

ORDRE D'ACQUISITION DE QUELQUES MORPHÈMES DE L'ANGLAIS
D'APRÈS KRASHEN

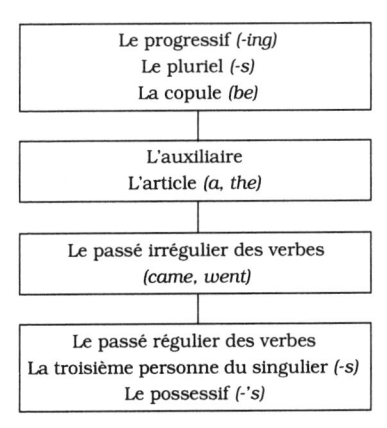

```
┌─────────────────────────────────┐
│      Le progressif (-ing)       │
│      Le pluriel (-s)            │
│      La copule (be)             │
└─────────────────────────────────┘
                │
┌─────────────────────────────────┐
│      L'auxiliaire               │
│      L'article (a, the)         │
└─────────────────────────────────┘
                │
┌─────────────────────────────────┐
│  Le passé irrégulier des verbes │
│         (came, went)            │
└─────────────────────────────────┘
                │
┌─────────────────────────────────┐
│  Le passé régulier des verbes   │
│ La troisième personne du singulier (-s) │
│      Le possessif (-'s)         │
└─────────────────────────────────┘
```

Extrait de Larsen-Freeman et Long 1991 : 90.

---

2. LES STADES DE DÉVELOPPEMENT DE QUELQUES PHÉNOMÈNES MORPHOSYNTAXIQUES

En s'intéressant de plus près aux caractéristiques de la grammaire mentale ou interne de l'apprenant de L2, c'est-à-dire aux aspects grammaticaux de son interlangue, certains chercheurs se sont alors rendu compte que, non seulement l'ordre de certains morphèmes était prédéterminé, mais que le développement de certains phénomènes d'ordre morphosyntaxique (comme l'interrogation, la négation) se faisait en suivant un certain nombre d'étapes ou de stades précis. Par exemple, l'examen de l'ordre de développement des diverses formes de l'interrogation en anglais a révélé que la maitrise de ces formes se faisait en suivant une séquence prévisible, *quelle que soit la L1 des apprenants*. En voici un exemple.

STADES DE DÉVELOPPEMENT DE L'INTERROGATION EN ANGLAIS LANGUE SECONDE

Stades de développement	Exemples
1. Intonation montante	*He work today?*
2. Non-inversion WH (+/- aux.)	*What he (is) saying?*
3. «Surinversion»	*Do you know where is it?*
4. Différenciation	*Does she like where she lives?*

Extrait de Larsen-Freeman et Long 1991 : 93.

Dans le cas de l'interrogation, les apprenants, autant les hispanophones que ceux d'autres origines (Taïwan, Norvège), suivent les mêmes stades de développement. Pour la négation, un mécanisme semblable peut être observé, quelle que soit la L1 des apprenants.

STADES DE DÉVELOPPEMENT DE LA NÉGATION, EN ANGLAIS LANGUE SECONDE

Stades de développement	Exemples
1. Externe	*No this one/No you playing here.*
2. Interne, préverbal	*Juana no/don't have job.*
3. Aux. + négation	*I can't play the guitar.*
4. *Don't* analysé	*She doesn't drink alcohol.*

Extrait de Larsen-Freeman et Long 1991 : 94.

Compte tenu du fait que ces séquences développementales se produisent autant chez les Japonais que chez les Espagnols, les Turcs ou les Suédois, il parait difficile, dans ces deux cas, de croire en la seule influence directe de la L1.

3. LES HYPOTHÈSES DE LA NON-APPRENABILITÉ/ NON-ENSEIGNABILITÉ DE PIENEMANN

Dans la lignée des travaux de cette nature, certains chercheurs (notamment Pienemann 1984, 1989) ont surtout tenté de rendre compte d'un phénomène bien connu des enseignants de L2 : certaines formes grammaticales (tant à l'oral qu'à l'écrit) paraissent être apprises relativement facilement, alors que d'autres, en dépit des efforts déployés et des moyens pris pour y arriver, ne paraissent pas pouvoir être acquises par les apprenants. Selon ces chercheurs, pareil phénomène s'expliquerait par le fait que certaines structures linguistiques, concernant l'ordre des mots par exemple, ne peuvent se développer que suivant des étapes prédéterminées. Ainsi, il serait vain de persister à enseigner des éléments grammaticaux d'un stade ultérieur, si les étapes précédentes n'ont pas d'abord été franchies par l'apprenant.

Les recherches empiriques entreprises dans la lignée des conceptions de Pienemann, portant sur l'acquisition de la langue allemande (L2), montrent que, lorsque les apprenants sont cognitivement prêts à apprendre des structures grammaticales spécifiques, le processus d'acquisition de la L2 est accéléré, bien que l'ordre d'acquisition de ces structures grammaticales ne puisse être modifié. Lors de ses expériences, Pienemann a pu observer que certaines structures grammaticales ne pouvaient pas être apprises : elles seraient non apprenables et, partant, n'auraient pas intérêt à être enseignées. Telles sont les hypothèses de la non-apprenabilité et de la non-enseignabilité *(learnability/teachability hypothesis)*. Il serait inutile, dans certains cas, de persister à enseigner certaines structures grammaticales, qui se situeraient au-delà du stade de développement de l'apprenant, c'est-à-dire lorsque celui-ci n'a pas la préparation voulue, n'est pas prêt à le faire.

Quatre types de réactions

En persistant à enseigner certaines structures grammaticales, alors que l'apprenant n'a pas atteint le stade de développement requis, quatre types de réactions sont possibles (Ellis 1990). Tout d'abord, il se peut que l'enseignement n'ait aucun effet : s'il s'agit de structures grammaticales qui demandent des opérations mentales complexes, l'apprenant peut tout simplement se rabattre sur d'autres règles plus faciles (c'est-à-dire qui se situent à une étape antérieure dans son développement). Une deuxième réaction possible est la stratégie d'évitement qui consiste, de la part de l'apprenant, à refuser d'apprendre tout ce qui lui parait psycholinguistiquement trop difficile. Une autre réaction peut être l'abandon par l'apprenant d'une étape pourtant nécessaire à la poursuite de son développement langagier; en pareil cas, l'enseignement aurait des effets néfastes, car il provoquerait l'abandon de l'apprentissage. Enfin, il se peut que la structure grammaticale soit comprise de manière erronée, de sorte que l'apprenant pourrait être amené à produire des surgénéralisations et donc à élaborer mentalement des règles grammaticales fautives ou erronées.

Structures grammaticales développementales et variationnelles

Mais, il convient ici de faire remarquer – heureusement pour la profession enseignante, d'ailleurs – que ce ne sont pas toutes les structures grammaticales qui seraient de type développemental. Il y en a d'autres, de type variationnel, pour lesquelles l'ordre ne semble pas être prédéterminé. Seuls ces aspects d'une langue pourraient être enseignés à n'importe quel moment. Bien entendu, tout l'intérêt didactique serait de pouvoir savoir, avec certitude, lesquelles sont développementales et lesquelles sont variationnelles. Comment déterminer que l'enseignement de telle ou telle structure ou forme grammaticale est prématuré ou non? Quels phénomènes grammaticaux devraient être enseignés avant quels autres? Autrement dit, une partie des structures grammaticales relèverait de facteurs liés à un mode général de développement, et une autre serait plutôt liée à des facteurs individuels (motivation, intelligence, aptitude, etc.) ou à des facteurs externes, telle la qualité de l'enseignement proprement dit. Tout le problème consiste précisément à déterminer dans quel cas il vaudrait mieux s'abstenir et attendre que l'apprenant ait la préparation antérieure nécessaire et dans quel cas un enseignement demeure possible.

Malheureusement, en ce qui concerne le français, par exemple, on ne dispose pas d'un nombre suffisant d'études nous permettant de trancher la question. Même pour l'anglais, sur lequel portent la très grande majorité des recherches, il serait prématuré de se prononcer avec certitude.

Une certaine mise en garde s'impose ici, cependant. En effet, les observations de Pienemann (et autres chercheurs associés) n'ont porté, de façon détaillée, que sur un nombre limité de sujets apprenant l'allemand en tant que L2 et que sur l'enseignement de quelques règles. Dans son article de 1989, Pienemann soutient que l'enseignement a effectivement amélioré la justesse ou la précision grammaticale *(accuracy)* dans l'usage de la copule chez trois apprenants, mais encore là on ne connait pas les effets à long terme de ce type d'enseignement puisque cela n'a pas été pris en compte.

4. LE RYTHME D'ACQUISITION ET LE DEGRÉ DE MAITRISE DE LA L2

Quoi qu'il en soit, l'ensemble des données empiriques consultées pose un problème didactique de taille. En effet, si l'ordre d'acquisition de certains morphèmes est prédéterminé et si le développement de certains phénomènes morphosyntaxiques se fait en suivant des stades précis, quel impact peut alors avoir l'enseignement de ces structures grammaticales sur l'apprentissage d'une L2?

D'après les nombreux chercheurs qui se sont intéressés à la question, il apparait de plus en plus nettement que, dans les faits, l'enseignement n'aurait pratiquement aucun effet sur l'ordre d'acquisition des morphèmes et des phénomènes morphosyntaxiques du type développemental. Les recherches montrent d'ailleurs que, en dépit des efforts faits pour enseigner plus tôt certains morphèmes particuliers ou certains phénomènes morphosyntaxiques, tout ce que l'on peut espérer obtenir est un apprentissage ou une amélioration *temporaire* ou *provisoire*. Autrement dit, lorsque l'enseignant fait volontairement (dans le cadre de recherches expérimentales ou quasi expérimentales) «sauter» à l'apprenant certaines étapes, les résultats aux tests sont effectivement supérieurs, mais à brève échéance seulement. Trois mois ou six mois plus tard, c'est comme s'il n'y avait eu aucun apprentissage.

Les recherches ont également mis en valeur qu'à défaut de pouvoir intervenir sur l'ordre d'acquisition, l'enseignement aurait surtout des effets sur le rythme d'acquisition (lent/rapide) et sur le degré de maitrise de la langue atteint par les apprenants (meilleurs résultats dans les tests, plus grand degré de rétention, recours à des tournures grammaticales plus complexes, et ainsi de suite). Toutefois, même s'il apparait assez clairement que c'est sur le rythme d'acquisition et sur le niveau de développement atteint que l'enseignement d'une L2 est le plus susceptible d'avoir une influence, on ne sait toujours pas comment expliquer le phénomène, encore qu'il faudrait nuancer, en prenant en considération l'âge des apprenants, par exemple.

En somme, la plupart des recherches empiriques montrent que l'impact de l'enseignement serait minime, voire nuisible dans certains cas, quant à l'ordre d'acquisition de certaines structures grammaticales. Par contre, les effets positifs de l'enseignement d'une L2 se feraient surtout sentir sur le rythme d'acquisition et sur le degré de maitrise de la langue.

C. QUELQUES IMPLICATIONS PÉDAGOGIQUES

En dépit du grand intérêt, du point de vue de la recherche, que soulèvent les hypothèses de la non-apprenabilité et de la non-enseignabilité, il reste que, d'une part, les études empiriques en faveur de cette hypothèse sont encore beaucoup trop peu nombreuses et que, d'autre part, on ne dispose pas encore de données nous permettant de préciser quelles sont les structures grammaticales qui sont d'ordre développemental (et dans quel ordre elles se présentent) et quelles sont celles qui sont plutôt variationnelles. D'autres recherches s'imposent, afin de nous permettre de nous prononcer avec plus de certitude sur la question.

On ne saurait donc déterminer, dans l'état actuel de nos connaissances, quel est le meilleur mode de progression des éléments à enseigner du point de vue de l'apprentissage de la langue (et non seulement du point de vue de la langue). Comme on connait peu de choses sur ce fameux ordre prédéterminé des structures grammaticales (pour le français, par exemple), il serait donc *prématuré* d'en tirer des conséquences pratiques quant au mode de progression grammaticale à adopter lors de l'élaboration d'un programme institutionnel de L2.

Sur le plan de la classe même de L2, les hypothèses de Pienemann soulèvent certaines questions. Par exemple, Nunan (1993) a observé, en classe de L2, chez des adultes immigrants que, dans le cas de l'enseignement de questions commençant en anglais par *wh-* (*who, where, when*, etc.), les apprenants réussissaient à répondre aux questions de l'enseignant sans toutefois pouvoir en formuler de semblables; les questions posées paraissaient pourtant être bien au-delà des capacités d'analyse des apprenants. Ce sont des observations de cette nature qui ont amené Nunan à soutenir que certaines structures grammaticales doivent faire partie très tôt du répertoire communicatif des apprenants, même si cela se fait sous la forme de formules toutes faites ou d'expressions figées. Même si les apprenants ne semblent pas avoir atteint le seuil de «gestation» requis (et la durée de la «gestation» reste une autre grande inconnue), il semble important – en dépit de ce que soutient Pienemann – d'exposer les apprenants au mode de structuration de la L2. Sur la base d'observations de classes de L2 (et non à partir d'une argumentation d'ordre psycholinguistique), Nunan rejette donc les hypothèses de la non-apprenabilité et de la non-enseignabilité, élaborées dans des conditions d'expérimentations relativement éloignées, semble-t-il, des conditions normales de l'enseignement d'une L2.

On pourrait quand même – en procédant avec grande prudence – en tirer des conséquences quant aux *attitudes* de l'enseignant de L2, en salle de classe. Il s'agirait d'éviter, soit de culpabiliser l'apprenant, soit de se culpabiliser en tant qu'enseignant, advenant les cas où il ne semble pas y avoir apprentissage, en dépit des efforts fournis (tant par l'enseignant que par l'apprenant). En outre, une des répercussions possibles de ces hypothèses et de ces données serait d'éviter de s'illusionner ou de fixer des objectifs d'apprentissage trop élevés, dans la mesure où seuls le rythme et le degré de maitrise de certains phénomènes grammaticaux pourraient être effectivement modifiés grâce à l'enseignement (mais non l'ordre de certaines structures grammaticales). Enfin, à défaut de données empiriques plus fiables fournies par la recherche, l'enseignant de L2 peut s'en remettre à un critère d'un autre ordre : le pragmatisme pédagogique. Il s'agit de recourir, autant que possible, à ce qui parait réussir ou fonctionner du point de vue de l'apprentissage, et à savoir renoncer à ce qui semble plus problématique.

D. AUTRES ARGUMENTS EN FAVEUR DE L'ENSEIGNEMENT DE LA GRAMMAIRE

Il n'y a pas que les résultats des recherches empiriques qui peuvent nous convaincre de la nécessité d'enseigner systématiquement la grammaire. Comme le font remarquer Scarcella et Oxford (1992), sans grammaire, on ne saurait communiquer que dans un nombre limité de situations : par exemple, il est peut-être possible de dire *le plein, s'il vous plait*, à une station-service, mais comment en arriver à demander de vérifier le niveau d'huile de la voiture, sans compétence grammaticale? Même s'il est relativement facile de communiquer avec des étrangers en ne recourant qu'à une grammaire très réduite, il reste que cette façon de faire n'est pas acceptée dans plusieurs cultures, comme le révèlent les expressions servant à qualifier ce phénomène : *parler bébé, charabia, sabir,* etc. Par exemple, dans certaines cultures, il arrive que la grammaire soit considérée comme essentielle : tel est le cas des Français, des Japonais, des Chinois et des Russes qui, de façon générale, accordent une grande importance à la correction grammaticale. Chez les gens qui appartiennent à ces cultures, l'apprentissage d'une L2 sans un enseignement systématique de la grammaire risque de n'engendrer que des frustrations.

Un autre argument en faveur de l'importance de la grammaire a trait au style d'apprentissage des apprenants. En effet, plusieurs personnes ont un style analytique d'apprentissage. Pour ce type d'apprenants, des explications grammaticales, des exercices systématiques, analytiques et logiques présentent un certain attrait, ce qui pourrait contribuer à accroitre leur motivation et à réduire leur inquiétude. En outre, dans certains cas, il semble qu'un enseignement d'ordre grammatical puisse compenser pour les difficultés qu'éprouvent les adultes à maitriser une L2 en milieu naturel et les aider à développer un niveau de compréhension orale plus précis. Aussi, dans un autre ordre d'idées, beaucoup d'apprenants d'une L2 doivent subir des tests dont une majeure partie vise à mesurer des connaissances d'ordre grammatical. Un enseignement centré sur la grammaire ne peut que mieux les préparer à subir ces tests. Enfin, pour certains, l'apprentissage des caractéristiques de la grammaire d'une autre langue parait être une source de plaisir dont il serait dommage de les priver.

De toute manière, et quelle que soit l'importance relative de chacun de ces arguments pris un à un, on peut y déceler une forte présomption en faveur du recours à un enseignement systématique de la grammaire en classe de L2.

Au cours de ce trop bref chapitre synthèse sur l'apprentissage et l'enseignement de la grammaire d'une L2, nous avons tout d'abord rappelé l'hypothèse de Krashen selon laquelle il est nécessaire et suffisant de recourir à des activités signifiantes de compréhension pour en arriver à maitriser une L2. Nous avons alors fait état des répercussions didactiques qui en découlent, à savoir l'absence d'un enseignement explicite de la grammaire et de toute correction grammaticale en classe de L2. Puis, nous référant aux recherches portant sur les classes d'immersion en français, nous avons montré qu'en procédant à la manière suggérée par Krashen les risques de fossilisation linguistique sont très élevés. Une fois établie la nécessité d'un enseignement systématique de la grammaire, s'est alors posée la question : toutes les formes ou structures grammaticales peuvent-elles et doivent-elles être enseignées et, si oui, dans quel ordre? C'est ce qui nous a amenés à faire référence à divers travaux de recherche provenant du domaine de l'acquisition des L2 et, plus particulièrement, aux hypothèses de Pienemann sur la non-apprenabilité et la non-enseignabilité de certaines formes grammaticales. Il nous a fallu conclure (au risque, parfois, de décevoir le praticien) qu'il serait tout à fait prématuré de vouloir tenir compte des hypothèses de Pienemann quant à l'élaboration de programmes de L2. Par ailleurs, nous nous sommes quand même permis de suggérer quelques prudentes implications concernant notamment l'attitude de l'enseignant en classe de L2.

Enfin, si l'on veut en arriver éventuellement à une meilleure compréhension des problèmes abordés, qui soulèvent sur un plan plus général, comme nous le rappelions en début de chapitre, toute la question des rapports, très complexes, entre l'apprentissage et l'enseignement d'une L2, il va de soi que de nouvelles recherches empiriques s'imposent. Toutefois (mais cela n'est à peu près jamais mentionné), nous ne croyons pas que cela puisse être suffisant. C'est que la didactique des langues souffre d'un sérieux déséquilibre. On dispose, en effet, de plusieurs théories sur la langue (théories linguistiques), sur l'usage de la langue (théories pragmatiques et sociolinguistiques), sur l'acquisition ou l'apprentissage de la langue (théories psychologiques ou psycholinguistiques), mais on ne dispose toujours d'aucune véritable théorie sur l'enseignement de la langue et, encore moins, sur les rapports entre l'apprentissage et l'enseignement de la langue (Germain 1995). Or, sans une théorie de cette nature, comment espérer interpréter convenablement les données issues des recherches empiriques, et comment établir des liens entre les résultats de ces divers travaux de recherche? Mais, il s'agit là d'une toute autre histoire.

CHAPITRE 7

ENSEIGNEMENT DE LA GRAMMAIRE : LE DÉBAT FORME-SENS

Nous avons consacré une partie du chapitre précédent à l'examen relativement détaillé de la position de ceux qui, sous l'influence de Krashen, soutiennent que non seulement il faut s'abstenir d'enseigner la grammaire dans une classe de L2 mais que ce type d'enseignement pourrait inhiber l'apprentissage. Nous appuyant notamment sur les résultats des recherches empiriques conduites dans les milieux de l'immersion en français, nous avons montré que pareille thèse était tout à fait insoutenable. Nous avons également établi, après l'étude d'une hypothèse formulée par Pienemann, que ce ne seraient cependant pas *toutes* les formes grammaticales, de manière indifférenciée, qui pourraient ou devraient être enseignées dans une classe de L2. Nous en avons alors conclu que l'enseignement parait susceptible de n'affecter que l'ordre d'acquisition de certains morphèmes grammaticaux ou les stades de développement de quelques phénomènes d'ordre morphosyntaxique.

Forts de ce constat, nous en sommes maintenant à nous interroger sur les modalités d'un enseignement susceptible de ne modifier, sans plus, que le rythme d'acquisition de certaines formes grammaticales et le degré de maitrise de la L2. Mais, même si les auteurs en arrivaient à s'entendre sur un objectif aussi modeste ou restreint, il n'est pas du tout certain que les moyens pour y arriver réussiraient à faire l'unanimité. Le vieux débat forme-sens a toujours cours lorsqu'il est question d'enseignement/apprentissage de la grammaire d'une L2. Dans ses positions extrêmes, le débat pourrait être formulé ainsi : vaut-il mieux mettre l'accent sur l'enseignement des formes grammaticales (au détriment de la signification) ou, au contraire, mettre l'accent sur la signification (au détriment des formes grammaticales)? D'un côté, on suppose habituellement qu'il vaut mieux débuter l'apprentissage scolaire d'une L2 par l'étude de structures grammaticales ou de divers phénomènes grammaticaux pour ne passer que dans un second temps à l'utilisation ou à l'application des formes apprises. De l'autre, on suppose qu'il est préférable de se soucier d'abord et avant tout du contenu ou de la signification des formes enseignées, et que la maitrise des aspects formels de la L2 va découler, en quelque sorte, des tentatives de communication au cours desquelles c'est le message plutôt que la forme qui est la préoccupation première. Qu'en est-il exactement? D'ici à ce que les modèles d'acquisition fondés sur une théorie linguistique reposent sur des fondements plus solides et des données plus fiables, nous croyons qu'il vaut mieux nous en remettre à des données d'ordre empirique concernant l'enseignement/ apprentissage d'une L2, susceptibles de fournir de précieuses indications quant aux modalités d'enseignement de la grammaire dans une classe de L2. C'est pourquoi nous présenterons les tendances qui se dégagent des recherches empiriques au cours desquelles l'accent a été mis tantôt sur la forme grammaticale, tantôt sur la signification, ce qui nous conduira à montrer l'importance de la rétroaction et du maintien des formes grammaticales acquises.

A. L'ACCENT MIS SUR LA FORME GRAMMATICALE

Le mouvement centré sur la forme dès les débuts de l'apprentissage est représenté à partir des années 1940 et 1950, comme on l'a vu brièvement au cours du premier chapitre, par la méthode audio-orale, fondée sur la linguistique structurale et la psychologie behavioriste. Essentiellement, croit-on à l'époque, la connaissance d'une L2 doit se construire étape par étape, chacune étant déterminée linguistiquement par les auteurs de manuels. L'apprentissage est vu comme un processus d'accumulation progressive d'éléments isolés, s'ajoutant les uns aux autres. L'erreur, qui doit être évitée à tout prix, est considérée comme la source possible de création de mauvaises habitudes : elle doit être reprise et corrigée sur-le-champ. C'est la précision *(accuracy)* qui a préséance sur l'aisance *(fluency)* : l'apprenant doit apprendre à parler correctement, sans erreurs, dès les premières phases de l'apprentissage et ce n'est que par la suite, au bout de nombreuses heures, qu'il est incité à mettre en application ses connaissances grammaticales.

Même si les écrits portant sur la méthode audio-orale et sur ses fondements sont très nombreux, il y a cependant très peu de recherches empiriques qui ont effectivement montré les mérites et les difficultés d'une approche portant *exclusivement*, en début d'apprentissage, sur la forme linguistique. C'est que, dans la réalité de la classe de langue, les choses ne sont pas toujours aussi nettes et tranchées. Beaucoup d'enseignants ne s'en tiennent pas strictement à une seule méthode ou approche : l'éclectisme, c'est-à-dire la combinaison de différents modèles théoriques, est le plus souvent de mise (Puren 1994).

Malgré tout, on dispose de quelques recherches empiriques susceptibles d'éclairer notre jugement. Il ressort de ces études que les apprenants qui reçoivent un enseignement grammatical explicite (sur la place de l'adverbe, par exemple) obtiennent des résultats satisfaisants à court et à moyen terme. Mais, à long terme, au bout d'un an, ces apprenants ne sont pas meilleurs que ceux qui n'ont pas été exposés à un enseignement grammatical formel (White 1991).

De plus, les recherches empiriques montrent qu'un accent mis exclusivement sur la précision et sur la pratique de formes linguistiques particulières, en début d'apprentissage, ne conduit pas nécessairement à une utilisation éventuelle correcte de ces formes grammaticales. L'aisance ou la facilité d'emploi dans des situations de communication ne parait donc pas découler nécessairement de la précision (Lightbown et Spada 1993). Un programme de langue qui ne met l'accent que sur la pratique et la manipulation de formes grammaticales, au détriment du développement d'habiletés communicatives, permet de ne développer que la composante linguistique de la compétence de communication, ce qui s'avère nettement insuffisant pour communiquer efficacement dans la L2 (Calvé 1994 : 640). En règle générale, qu'il s'agisse d'apprentissage de la langue par des enfants ou par des adultes, les activités de la classe de L2 qui visent la facilité et l'aisance contribuent au développement de la précision ou justesse grammaticale, mais l'inverse ne parait pas se produire. Les recherches empiriques démontrent que même une approche exclusivement formelle ou grammaticale ne parait nullement garantir que les apprenants pourront en arriver à atteindre un niveau élevé de précision grammaticale. De plus, il semble que ce type d'enseignement, dans lequel les apprenants ont peu d'occasions de courir des risques avec la langue ou de tester leurs hypothèses (le plus souvent inconscientes), ne puisse pas déboucher sur une communication efficace en L2.

B. L'ACCENT MIS SUR LA SIGNIFICATION

Selon d'autres chercheurs, ce qu'il faut privilégier, en classe de L2, ce sont des activités favorisant la négociation du sens d'un message (Long 1981). Par là, il faut entendre toute modification langagière, comme la demande de confirmation *(Aurais-tu un stylo? – Un stylo?)*, la demande de clarification *(Je suis arrivé il y a dix minutes. – Il y a combien de temps, as-tu dit?)*, la vérification de la compréhension *(Vous avez compris?)*, les répétitions, les expansions ou les paraphrases *(C'est difficile, ce n'est pas facile)*. D'après Long, ce sont des ajustements langagiers de cette nature qui permettent de négocier le sens d'un message, ce qui contribuerait à développer la compréhension et, partant, la grammaire d'une langue, et même toute la langue. La négociation du sens aurait le plus de chances de se produire lors d'activités d'interactions entre apprenants, ou entre apprenants et enseignant. En d'autres termes, ce seraient les interactions qui seraient le plus susceptibles de développer la compréhension et, par ricochet, de contribuer à tout le développement langagier des apprenants, dont fait partie la grammaire. Ce seraient donc les interactions qui permettraient aux apprenants d'acquérir les formes grammaticales (mots et structures grammaticales) tout en mettant l'accent sur la signification.

Malheureusement, on ne dispose, à l'heure actuelle, d'à peu près aucune recherche portant soit sur le nombre, soit sur le type d'interactions nécessaires à des effets directs sur l'apprentissage. La très grande majorité des travaux de recherche entrepris dans ce cadre ont porté surtout sur les différences entre la négociation du sens en classe de L2 et en milieu non scolaire, sur les rapports entre divers types de tâches et divers types de négociations du sens, sur les types différents d'interaction provoqués par un enseignement centré sur l'enseignant ou centré sur les activités en petits groupes d'apprenants, etc. (Germain 1991).

En règle générale, la plupart des recherches empiriques sur la question nous autorisent à croire que, dans un cours où l'accent est mis sur le sens plutôt que sur la forme linguistique, sur les activités spontanées d'interaction et sur un environnement linguistique riche et varié du point de vue de la compréhension, les apprenants acquièrent une très grande aisance à communiquer dans la L2 mais, comme on peut s'y attendre, présentent plusieurs lacunes quant à la précision grammaticale, notamment dans le cas de la production d'énoncés complexes.

Quoi qu'il en soit, il semblerait que la négociation du sens soit une étape nécessaire en vue de l'acquisition grammaticale. Non pas, toutefois, comme le croient leurs promoteurs, parce que l'accent est mis sur le sens, ou parce qu'il y a interaction, mais bien plutôt parce que, la compréhension étant assurée, l'apprenant peut dès lors se concentrer sur la forme linguistique (en l'occurrence, la morphosyntaxe). Autrement dit, le message étant compris, l'apprenant peut s'arrêter aux questions d'ordre grammatical. C'est en ce sens que les activités de compréhension significatives, ainsi que les activités interactives, pourraient – mais indirectement – contribuer à l'acquisition grammaticale (Swain 1985 : 248).

Pour plusieurs chercheurs toutefois, ni l'une ni l'autre des conceptions antérieures n'est suffisante. Autrement dit, la question ne serait pas tant de savoir s'il faut mettre l'accent, dans l'enseignement de la L2, sur la forme ou sur la négociation du sens, que de tenir compte de ces éléments, sans qu'aucun des deux ne soit privilégié. D'après la plupart des recherches empiriques sur la question, c'est l'enseignement centré sur le sens (dans le cadre d'activités de communication), mais qui permet en même temps de mettre l'accent sur les formes grammaticales dans des contextes signifiants, qui réussit le mieux (Spada 1987; Lightbown et Spada 1993).

C. L'IMPORTANCE DE LA RÉTROACTION

Récemment, Carroll et Swain (1993) ont entrepris une recherche empirique visant à mesurer les effets de différents types de correction, ou rétroaction négative (*negative feedback*, souvent appelé *negative evidence* dans les écrits d'orientation linguistique ou psycholinguistique), sur l'acquisition. Il s'agissait d'examiner l'acquisition de deux contextes syntaxiques grammaticaux possibles dans l'emploi de verbes anglais à double objet du type *send (to send somebody a package/to send a package to somebody)*. Dans des cas aussi complexes, il semble à peu près impossible d'apprendre, dans une L2, à généraliser le phénomène par induction sans qu'il y ait rétroaction. Pourtant, les enfants de langue maternelle anglaise paraissent réussir relativement facilement à faire les distinctions qui s'imposent, sans qu'il y ait de rétroaction.

La recherche de Carroll et Swain a porté sur cent adultes hispanophones, apprenant l'anglais comme L2, dans la région de Toronto. L'objectif était de déterminer empiriquement dans quelle mesure la rétroaction négative pouvait effectivement aider les apprenants adultes d'une L2 à faire des généralisations grammaticales abstraites. Une rétroaction négative peut être explicite ou implicite. Une rétroaction négative explicite est définie comme toute rétroaction qui mentionne expressément le fait que les productions d'un apprenant sont non conformes à la langue cible. Une rétroaction négative implicite comprend toute correction de la forme erronée ainsi que les demandes de confirmation, les incompréhensions et les demandes de clarification, car dans chacun de ces cas, l'apprenant doit déduire que, s'il y a correction, c'est qu'il y a effectivement eu erreur.

Les cent sujets de l'expérience ont été répartis entre quatre groupes égaux de vingt sujets chacun. Un des points saillants de cette recherche est que les quatre groupes expérimentaux ont mieux réussi que le groupe témoin. Autrement dit, toute forme de rétroaction négative, tant implicite qu'explicite, a effectivement contribué à l'apprentissage. Mais il convient surtout de souligner que c'est le groupe A, où il y a eu rétroaction explicite, qui a obtenu les meilleurs résultats. C'est donc dire que le simple fait de mentionner qu'il y a eu erreur (rétroaction indirecte), ou même de fournir la réponse correcte, n'a pas contribué autant à l'apprentissage que le fait de donner une explication. Les apprenants adultes paraissent donc pouvoir bénéficier surtout des rétroactions explicites de l'enseignant de L2. Il se pourrait que le fait d'apprendre les formes de la langue soit aussi important, à tout le moins avec des apprenants adultes, que le fait d'apprendre la langue elle-même, contrairement à certaines croyances relativement répandues dans certains milieux.

Bien sûr, les conditions de l'expérimentation font que la situation était relativement simplifiée, à comparer aux conditions normales d'une conversation spontanée. Il est à noter, surtout, qu'il a été impossible de retester les sujets plusieurs mois après cette expérimentation, de sorte qu'on ne saurait se prononcer sur les effets à long terme de ce type d'apprentissage. Compte tenu des limites inhérentes à la méthodologie utilisée dans ce type de recherche, il faudrait se garder de généraliser ou de transposer dans d'autres situations ou d'autres milieux. Mais les résultats de pareille recherche fournissent quand même une indication intéressante, non négligeable parce que fondée empiriquement, quant aux effets bénéfiques possibles du recours à la rétroaction explicite, en milieu adulte.

D. L'IMPORTANCE DU MAINTIEN DES ACQUIS

Lors d'une recherche en milieu scolaire portant sur les effets d'un enseignement centré sur la forme linguistique (place de l'adverbe, formation de questions en anglais) et sur la rétroaction corrective, il est apparu que, à long terme, les apprenants qui avaient reçu un enseignement formel sur la place de l'adverbe n'avaient pas pu conserver leur acquis. Par contre, ces mêmes apprenants maitrisaient toujours, au bout d'un an, la façon correcte de formuler des questions.

Comment expliquer pareille disparité dans les résultats? D'après les auteurs de la recherche, les différences dans les résultats proviendraient du fait que, comme le révèlent les analyses de la langue utilisée en classe, l'enseignant utilise très rarement des adverbes en classe dans son propre langage, de sorte que les apprenants n'ont à peu près aucune chance de maintenir leur acquis. À l'inverse, il y a eu des centaines de questions posées par l'enseignant par la suite, si bien que les apprenants ont pu plus facilement maintenir leur acquis langagier et poser eux-mêmes des questions. Ce qui fait nettement ressortir la nécessité de prévoir des activités destinées à maintenir les acquis (White 1991).

Que peut-on retenir de l'ensemble des considérations qui précèdent? Y a-t-il lieu de privilégier la forme ou le sens? Les résultats de ces différentes recherches empiriques permettent, tout d'abord, d'affirmer avec fermeté qu'un enseignement qui serait centré *exclusivement* sur la forme linguistique aurait peu de chances d'aboutir à un degré satisfaisant de communication en L2, advenant le cas, bien entendu, où tel serait l'objectif primordial du cours ou du programme. Par ailleurs, il parait prématuré de conclure que la négociation du sens serait une condition à la fois *nécessaire et suffisante* pour contribuer à l'apprentissage d'une L2. Toute activité pédagogique impliquant une négociation du sens mérite d'être encouragée, mais cela n'est certes pas suffisant (Philp 1993).

Tout porte à croire qu'il faille, à l'heure actuelle, d'une part, mettre l'accent sur la forme grammaticale sans pour autant négliger la signification ou les emplois de la langue et, d'autre part, s'assurer, dans toute la mesure du possible, de donner une rétroaction aux apprenants lorsqu'ils produisent des formes erronées (sans brimer, toutefois, leur spontanéité). Sans un accent mis sur les formes grammaticales, notamment en début d'apprentissage, ou en l'absence de correction, les apprenants risquent d'éprouver par la suite de sérieuses difficultés, notamment sur le plan de la précision ou de la justesse grammaticale. De plus, le cas échéant, il convient de veiller, dans la mesure du possible, au maintien des acquis, notamment par le biais d'activités de réinvestissements ou de réemplois dans de nouvelles situations, et par de fréquentes révisions des formes ou des structures grammaticales enseignées.

Toutefois, mettre l'accent sur les formes grammaticales ne doit pas être interprété comme un retour en arrière (à la méthode grammaire-traduction ou à la méthode audio-orale), bien au contraire. Comme on l'a déjà fait remarquer au chapitre précédent, un enseignement grammatical qui ferait abstraction des emplois de la langue dans des situations signifiantes serait équivalent à un enseignement totalement dépourvu de grammaire. Il importe *également* que l'enseignement comporte des activités qui soient signifiantes pour les apprenants, que l'enseignement soit autant centré sur le message et sur les emplois de la langue que sur la forme linguistique, tout en s'assurant de donner une rétroaction corrective aux apprenants. C'est donc à une sorte d'équilibre, ou de dosage, entre la précision grammaticale et l'aisance ou la facilité de communication que nous convie la majorité des recherches empiriques dans le domaine de l'apprentissage des L2. Dans le débat forme-sens, il ne s'agit donc pas d'opter pour l'une ou pour l'autre de ces deux positions extrêmes, comme on a trop souvent tendance à le faire, mais bien de chercher à en maintenir l'équilibre. Ce qui représente un défi de taille pour la profession enseignante.

CHAPITRE 8

ENSEIGNEMENT DE LA GRAMMAIRE : LES PRATIQUES GRAMMATICALES EN CLASSE DE L2

Dans notre typologie des grammaires, formulée au cours du deuxième chapitre, nous avons établi, compte tenu de notre définition de la grammaire (en tant que connaissance intériorisée ou compétence grammaticale), une distinction entre *grammaire d'enseignement* (dans le cadre d'un programme institutionnel de langue, par exemple) et *enseignement de la grammaire*. Celui-ci est conçu comme le processus interactif qui a cours dans la classe de langue lorsqu'il y a présentation d'un point de grammaire ou échange ou discussion sur quelque aspect grammatical de la langue cible. Au cours du chapitre précédent, nous avons examiné les tenants et aboutissants du débat forme-sens à partir d'un examen des recherches empiriques sur ce qui pourrait être privilégié en salle de classe au moment d'enseigner la grammaire d'une L2. Dans ce chapitre-ci, tout à fait complémentaire du précédent, nous allons, dans un premier temps, rapporter l'essentiel de quelques observations de l'enseignement de la grammaire en classe de L2, en nous concentrant sur les principales techniques d'enseignement utilisées par les enseignants, puis sur les caractéristiques du discours grammatical de l'enseignant. Dans un second temps, nous examinerons brièvement trois propositions originales de pratiques d'enseignement de la grammaire : la première de Celce-Murcia et Hilles (1988), la deuxième de Mackey (1994) et la troisième de Besse (Besse et Porquier 1991).

A. QUELQUES OBSERVATIONS DE CLASSES

Dans un premier temps, nous allons tenter de faire le point sur les types de techniques d'enseignement qui ont été observées chez quelques enseignants de différentes langues, dans divers milieux. Parmi les quelques rares études empiriques sur la question, il convient de mentionner celle de Peck (1988). Influencé par quelques chercheurs d'origine allemande, l'auteur (professeur à l'université d'York, en Angleterre) recourt à une technique de recherche bien connue en éducation, l'étude de cas. Il a en effet observé neuf cas, en l'occurrence neuf enseignants d'une L2, dans différents pays, concernant quelques dimensions spécifiques de l'apprentissage d'une L2 : la présentation de textes, la pratique de l'oral, la grammaire, l'expression libre et la compréhension orale. L'auteur a pu observer neuf leçons données par chacun des enseignants, au cours de visites faites dans chacune des écoles impliquées, à deux moments distincts. Dans le cas particulier de l'enseignement de la grammaire d'une langue étrangère, sept cas sont rapportés : quatre enseignantes de français (en France), un enseignant d'allemand (en Allemagne), une enseignante de norvégien (en Norvège) et un enseignant d'anglais (en Angleterre).

1. CINQ TECHNIQUES D'ENSEIGNEMENT DE LA GRAMMAIRE

Peck en est arrivé à dégager, à partir de ses observations, cinq types majeurs de techniques d'enseignement de la grammaire : identification, classification, systématisation, application et généralisation (dont, précise Peck, la terminologie et l'ordre sont largement inspirés de la taxinomie des objectifs pédagogiques de Bloom). À chacune de ces techniques correspondent, de fait, des habiletés cognitives ordonnées du plus simple (identifier) au plus complexe (généraliser). Les observations de Peck sur les techniques utilisées par les sept enseignants observés (A, B, C, et ainsi de suite) sont regroupées dans le tableau 7.

Tableau 7
CINQ TECHNIQUES D'ENSEIGNEMENT DE LA GRAMMAIRE CHEZ SEPT ENSEIGNANTS DE L2

TECHNIQUES D'ENSEIGNEMENT	\multicolumn{7}{c}{ENSEIGNANTS}
	A	B	C	D	E	F	G
Identification	X	X	X	X	X	X	
Classification		X		X	X	X	
Systématisation		X	X				X
Application						X	X
Généralisation	X		X				

Source : Peck 1988.

Le recours à telle ou telle technique varie selon chaque enseignant. Par exemple, si on examine le cas particulier de l'enseignante B du tableau 7, on se rend compte qu'elle fait tout d'abord *identifier* un certain nombre de phrases clés portant, de fait, sur des verbes à l'infinitif (se rapportant à une recette de cuisine) destinés à être transformés à la forme impersonnelle avec *Il faut que (faire bouillir, faire fondre, mélanger)*. Puis, elle procède à une *systématisation* : comme les verbes avec *Il faut que* sont tous suivis du mode subjonctif, elle explique comment chacun est formé d'une racine et d'un ensemble de terminaisons. Il y a là, précise Peck, un début de généralisation et, partant, de systématisation. L'enseignante B attire ensuite l'attention des apprenants sur la différence entre certains types de verbes, réguliers et irréguliers. En regroupant ainsi chacun des verbes de la liste dans des catégories différentes, elle procède à une *classification*. Cette étape est suivie de l'audition de la chanson *Alors raconte*, de Gilbert Bécaud.

L'enseignante demande alors aux apprenants de lire attentivement le texte de la chanson et de choisir les passages clés en vue de produire le script d'un petit film : par exemple, 1) *Elle est arrivée. Je la voyais qui marchait*; 2) *Elle s'est retournée*. Et ainsi de suite avec le reste du texte de la chanson. Il s'agit de nouveau, précise Peck, d'une phase d'*identification* d'éléments clés. Ensuite, elle guide ses étudiants, à l'aide des phrases écrites sur transparents et projetés au rétroprojecteur, dans la réalisation d'un petit film. Aux deux premières phrases identifiées à l'étape précédente *(Elle est arrivée, Je la voyais)* correspond le premier cadrage; le deuxième cadrage correspond à *Elle s'est retournée*, etc. Là encore, il s'agit d'une phase d'*identification*. Puis, l'enseignante demande d'observer le script du film et d'y relever, d'une part, tous les verbes au passé composé et, d'autre part, tous les verbes à l'imparfait, procédant ainsi à une *classification*.

En tout, l'enseignante B a donc eu recours à trois techniques différentes de présentation, dont certaines ont été utilisées à quelques reprises : identification, classification et systématisation. Dans un autre cas, celui de l'enseignante C, il ressort que cette enseignante de français langue étrangère, en milieu universitaire français, n'a eu recours, dans l'ordre, qu'aux trois procédés suivants : identification, systématisation et généralisation. Les sept enseignants observés ont eu recours à cinq techniques d'enseignement de la grammaire, mais aucun n'a utilisé la totalité des cinq techniques et l'ordre d'utilisation a varié selon chacun. Ce qui est particulièrement intéressant dans cette étude de Peck, c'est qu'en dépit de la diversité apparente dans les façons d'enseigner la grammaire, il parait désormais possible de dégager quelques régularités.

Peck n'est pas le seul à avoir observé les techniques d'enseignement de la grammaire. Mentionnons, entre autres tentatives, celle de Faerch (1986) qui, après de nombreuses observations en classe de L2 (l'anglais enseigné à des étudiants danois, à l'université de Copenhague), en conclut que la séquence typique adoptée par les enseignants observés dans l'enseignement de la grammaire consiste tout d'abord à formuler un problème, à faire faire à l'apprenant une induction suscitée par des questions, puis à formuler la règle et, le cas échéant, à fournir de nouveaux exemples (de la part de l'enseignant ou de la part des apprenants). Ces séquences pourraient se présenter comme dans le tableau suivant.

Tableau 8

ÉTAPES SUIVIES DANS L'ENSEIGNEMENT DE LA GRAMMAIRE D'APRÈS FAERCH

| Formulation d'un problème |
| Induction |
| Formulation d'une règle |
| Exemplification (optionnel) |

Source : Faerch 1986.

Cette structure séquentielle est adaptée aux besoins des apprenants, en passant plus rapidement, par exemple, sur l'étape de la formulation de la règle, advenant le cas où la règle serait vite saisie.

Grâce à des recherches empiriques comme celles de Faerch (1986) et de Peck (1988), il est permis d'espérer en arriver un jour à des données rigoureuses. Entre-temps toutefois, on retiendra, sur le plan pratique, que nous sommes encore loin de pouvoir nous prononcer sur la ou les meilleures façons d'enseigner la grammaire, à supposer même que cela puisse être un jour possible, voire souhaitable. Conformément à certaines de nos remarques, émises au cours des chapitres précédents, nous ne croyons pas en l'existence d'une technique d'enseignement supérieure à une autre *en soi*. Toute technique d'enseignement ne peut qu'être plus ou moins appropriée (ou non appropriée) aux apprenants et à l'objet d'étude. Mais, là encore, nous ne disposons d'aucun critère rigoureux nous permettant d'en juger. La recherche dans ce domaine de la didactique des langues n'est pas suffisamment avancée pour cela.

2. LE DISCOURS GRAMMATICAL DE L'ENSEIGNANT

Quelles que soient les techniques d'enseignement de la grammaire, en classe de L2, le discours grammatical de l'enseignant est le produit d'un ensemble de transformations que celui-ci fait subir au contenu des grammaires et des manuels (et dont il est rarement question, pourtant, dans les écrits traitant de l'enseignement de la grammaire). Cinq grandes caractéristiques paraissent se dégager des quelques rares recherches empiriques sur la question : l'enseignant de langue énonce la règle en la simplifiant, donne des phrases types, propose des situations exemples, commente l'emploi de la forme enseignée et recourt à des explications reposant sur l'éclectisme. Sauf mention contraire, les exemples illustrant ces caractéristiques sont tirés de nos propres corpus d'enregistrements faits dans la région de Montréal, dans des classes d'enseignement du français L2 en milieu adulte.

L'enseignant explique en simplifiant

L'enseignant se doit d'opérer une sélection dans ses connaissances afin de ne présenter aux apprenants que ce qui lui semble le plus utile pour eux, compte tenu de l'état de leurs connaissances antérieures, de leur «patrimoine métalinguistique» (Cicurel 1985 : 59). Par exemple, avec des débutants en français L2, il ne saurait être question d'expliquer la double construction du verbe *passer*, avec l'auxiliaire *être* et *avoir;* il ne pourrait en résulter qu'une plus grande confusion : «On peut supposer que le pédagogue va opter pour la "solution pédagogique"; il ne va pas donner une description exhaustive du phénomène afin de ne pas créer de confusion chez ses élèves» (Cicurel 1985 : 60). Cicurel rapporte alors l'exemple, tiré d'une observation en salle de classe, d'un enseignant qui juge bon, à la suite de la question d'un étudiant, de *ne pas expliquer* la différence entre *parce que* et *puisque*, estimant qu'à ce niveau cela ne ferait que brouiller les pistes : «Nous constatons ainsi que l'enseignant explique un phénomène grammatical en fonction de la représentation qu'il se fait des possibilités d'absorption métalinguistique de son public» (Cicurel 1985 : 61).

RECOURS À LA SIMPLIFICATION

P : Alors, le conditionnel, qu'est-ce que c'est ça? À quoi ça ressemble, le conditionnel?

E2 : Futur.

P : Ça ressemble au futur, c'est vrai. Alors vous avez ici une feuille qui vous montre comment fabriquer le conditionnel. Alors qu'est-ce que vous remarquez dans les verbes? [...] Qu'est-ce que vous entendez toujours?

Ou encore :

P : En français, pour exprimer la quantité, vous avez obligatoirement *de*, puis il vous faut deux mots pour exprimer la quantité, toujours *de* et *l'article*.

Pareilles simplifications grammaticales s'expliquent, vraisemblablement, par le souci de l'enseignant de L2 de tenir compte du bagage grammatical des apprenants, de leur degré de connaissances grammaticales dans leur L1. C'est que les apprenants ne disposent pas du même modèle métalinguistique que l'enseignant. En effet, d'une part, dans le cas des analphabètes, il n'y a pas de terminologie grammaticale prédéterminée; d'autre part, il se pourrait – comme le montrent les deux exemples cités – que le type de grammaire que s'est forgé l'apprenant au cours de l'apprentissage de sa L1 soit passablement éloigné des catégories grammaticales de la langue cible, auquel cas le risque est grand qu'il recoure à ce crible ou à ce filtre grammatical dans l'apprentissage de la grammaire de L2.

L'enseignant donne des phrases types

Au lieu de donner une règle grammaticale, il arrive que l'enseignant de L2 recoure à des mots clés, à des phrases types dont les conventions ont été établies dès les premières leçons d'un cours (ce qui crée un problème méthodologique pour des observations de classe qui n'ont lieu que de façon ponctuelle, au milieu d'un cours par exemple). C'est ainsi qu'un enseignant pourra dire, au cours d'une leçon : «Règle numéro 4», sans même qu'il soit nécessaire de l'énoncer. Par convention, les apprenants savent de quoi il s'agit, comme dans l'exemple suivant où l'enseignant demande à un apprenant (E5) de poser une question à un autre apprenant (E2).

Recours à des phrases types

    E5 : Est-ce que tu téléphones souvent à tes parents?

    E2 : Oui, j'ai téléphoné, j'ai téléphoné souvent.

    P : **Pronom.**

    E2 : Je leur téléphoner souvent.

    P : Je leur téléphone souvent.

L'enseignant utilise un langage ou style télégraphique qu'on ne trouverait dans aucune grammaire, il remplace les règles par des conventions, des mots clés qui les symbolisent : il emploie un langage paragrammatical. Par *langage paragrammatical*, nous entendons le langage utilisé par l'enseignant de langue pour traiter de la grammaire en classe de langue. Ce langage, fait d'images, de comparaisons, de simplifications, de métaphores, etc., n'est pas strictement conforme au langage proprement grammatical du linguiste ou du grammairien. C'est en ce sens qu'il est paragrammatical.

Toutefois, il convient de faire remarquer que cette «pédagogisation» des descriptions grammaticales conduit à une sorte de dilemme : ou bien on s'en tient au métalangage originel (celui du linguiste ou du grammairien) et on perd les apprenants, ou bien on réduit autant que possible ce métalangage et on en vient alors à renforcer et à entretenir le métalangage de la L1 de l'apprenant, ce qui risque d'enlever toute spécificité à la grammaire de la L2 ou de réduire tout pouvoir explicatif.

L'enseignant propose des situations exemples

Afin d'en arriver à faire produire par les apprenants des énoncés à la forme conditionnelle, voici la situation exemple qu'un enseignant (dans une classe d'adultes en milieu montréalais) propose aux apprenants.

RECOURS À UNE SITUATION EXEMPLE

P : J'ai un problème, moi, avec mon fils. Il regarde toujours la télévision. Il arrive à la maison, il met son sac dans l'entrée près de la porte et il va s'asseoir tout de suite dans le salon et il regarde la télévision et il reste toujours devant la télévision [...]. Alors je ne sais plus quoi faire. Est-ce que vous auriez des conseils à me donner?

E : [Les élèves font diverses suggestions à P, puis P conclut:]

P : Dans une situation comme ça, bon, vous m'avez donné des conseils en disant «fais ceci, fais cela» mais on peut aussi, si on veut, suggérer, conseiller [...] en utilisant le conditionnel.

Dans les situations exemples de ce type, à l'oral, les participants de la classe sont impliqués (*Est-ce que vous auriez des conseils à me donner?*) contrairement aux exemples, à l'écrit, fournis par les grammairiens et linguistes (Cicurel 1985 : 72). En classe de L2, les thèmes des exemples gravitent autour du vécu des apprenants, en faisant le plus souvent appel à des situations de communication courantes et concrètes.

L'enseignant commente l'emploi de la forme enseignée

Il arrive parfois que l'enseignant de L2 fasse un commentaire d'ordre pédagogique concernant une forme grammaticale, le plus souvent en raison de sa haute fréquence d'usage dans la vie de tous les jours, en vue d'un test éventuel ou tout simplement pour mieux faire saisir une explication grammaticale.

RECOURS À UN COMMENTAIRE

> P : C'est le plus-que-parfait. Et puis, la flèche *avait installée, avait installée* qui? *L* apostrophe mis pour *inconnue*, féminin singulier. Donc, vous encerclez la terminaison. Ça explique pourquoi vous avez *installée* avec un *e*. L'idée, l'objectif, je veux que vous compreniez le pourquoi de la terminaison du participe. **Excessivement important. Parce que là, vous l'avez devant vous, mais vous ne savez pas nécessairement pourquoi...**

L'enseignant recourt à des explications reposant sur l'éclectisme

Cicurel rapporte le cas d'une enseignante qui pose une série de questions afin de faire réutiliser les formes conjuguées du verbe *prendre* sans recourir à un métalangage grammatical, dans le cadre de la méthodologie SGAV, tout en faisant suivre immédiatement cette séquence d'une explicitation de la conjugaison du verbe, c'est-à-dire en faisant appel, cette fois, à une seconde méthodologie, plus traditionnelle.

RECOURS À L'ÉCLECTISME

> P : Quelle place Mireille prend?
> E : Elle prend les deux places au dernier rang.
> P : Quelles places ils ne prennent pas?
> E : Ils ne prennent pas les places au premier rang.
> P : [...] Vous êtes l'ouvreuse, [G] demandez à Mireille si elle prend les places au dernier rang, Mireille c'est [M], vous êtes l'ouvreuse.
> G : Vous prend, vous prenez les places au dernier rang?
> P : M?
> M : Oui je prenez ces places.
> P : Attention au verbe *prendre*.
> M : Je prends ces places.
> P : *Oui, je prends les places au dernier rang* ou *oui, je les prends. Je prends les places, tu prends, il prend, nous prenons, vous prenez, ils prennent, ils prennent, Pierre et Mireille prennent les places, Pierre prend, hein prend.*
>
> Extrait de Cicurel 1985 : 64, 65.

Chaque enseignant, semble-t-il, dispose de plus d'un modèle grammatical (dont le nombre et la nature varieraient selon le type de formation reçue en théorie linguistique) et recourt tantôt à un modèle, tantôt à un autre, dans ses explications grammaticales. On ne peut donc que constater la présence d'un certain éclectisme dans les explications grammaticales sans qu'il soit possible, à l'heure actuelle, de se prononcer sur l'efficacité ou la non-efficacité de pareil procédé : «On pourra ici osciller entre deux interprétations de ce comportement : l'éclectisme est-il synonyme de confusion, car l'apprenant s'embrouille dans les explications successives, ou au contraire, cette multiplicité des procédés explicatifs augmente-t-elle les chances des apprenants de comprendre l'énoncé?» (Cicurel 1985 : 65).

Il ressort des quelques exemples qui précèdent que les explications grammaticales que reçoit l'apprenant de la part de l'enseignant sont parfois sensiblement éloignées de la documentation écrite qu'il peut consulter sur le même sujet. Tout parait se dérouler, en salle de classe, de façon passablement différente de ce qu'en disent la plupart des grammairiens et didacticiens. Pourquoi? Parce que les buts du linguiste ou du grammairien et les buts de l'enseignant de langue ne sont pas les mêmes. Dans un cas, il s'agit de *décrire* la grammaire d'une langue; dans l'autre, il s'agit de l'*enseigner*. Assez étrangement, il existe très peu de recherches empiriques sur la nature du discours grammatical de l'enseignant de L2 (Chaudron 1988; Mitchell 1994). Il s'agit pourtant d'un sujet crucial si on veut en arriver un jour à mieux saisir les caractéristiques de l'enseignement de la grammaire. Car, après tout, n'est-ce pas autant – sinon davantage – à cette grammaire interactive (faite de simplifications, de conventions, de répétitions, d'adaptations aux apprenants) qu'aux véritables grammaires (de référence, d'apprentissage) qu'est exposé l'apprenant d'une L2? N'est-ce pas cette forme de grammaire, qui se constitue dans le mouvement d'interaction entre enseignant et apprenants (en tant que processus), qui est à la source, en grande partie, de l'élaboration de la compétence grammaticale de l'apprenant?

B. QUELQUES PROPOSITIONS DE PRATIQUES

Les remarques qui précèdent émanent toutes de recherches empiriques faites dans des classes de L2. Pour la suite du chapitre, nous suggérons trois originales et prometteuses manières d'enseigner la grammaire en classe de L1, qui ont vraisemblablement été essayées dans certains milieux mais pour lesquelles on ne dispose malheureusement d'aucun rapport écrit : associer structures grammaticales et dimensions sociale, sémantique et discursive (Celce-Murcia et Hilles 1988), associer structures grammaticales et tâches communicatives (Mackey 1994) et amener les apprenants à une réflexion grammaticale sur la L2 au moyen d'exercices de conceptualisation (Besse et Porquier 1991).

1. ASSOCIER STRUCTURES GRAMMATICALES ET DIMENSIONS SOCIALE, SÉMANTIQUE ET DISCURSIVE

Dans leur ouvrage destiné aux enseignants de langue et consacré spécifiquement aux techniques d'enseignement de la grammaire, Celce-Murcia et Hilles (1988) visent à intégrer la grammaire dans un cadre communicatif. Il convient ici de souligner le grand degré de similitude entre ce schéma et notre propre conception de l'étendue de la grammaire (telle que présentée dans le deuxième chapitre) : une connaissance des règles d'usage (structures grammaticales ou phénomènes d'ordre morphosyntaxique) et des règles d'emploi (structures grammaticales adaptées au contexte discursif et à la situation de communication). D'emblée, Celce-Murcia et Hilles rejettent tout enseignement de la grammaire qui serait fait de phrases isolées, au profit d'une grammaire contextualisée. Pour cela, elles supposent qu'enseigner la grammaire consiste à aider l'apprenant à saisir la relation entre des structures grammaticales et trois autres dimensions de la langue : la dimension sociale, la dimension sémantique et la dimension discursive, suivant le cadre conceptuel de Larsen-Freeman (1991). De l'avis de Celce-Murcia et Hilles, une prise de conscience de ce type de relations ou d'adéquation est essentiel pour comprendre la nature de la grammaire. Celce-Murcia et Hilles montrent alors qu'il est possible d'établir une relation entre telle technique d'enseignement et telle structure grammaticale associée à telle dimension (sociale, sémantique ou discursive).

Par *dimension sociale*, Celce-Murcia et Hilles entendent toute référence aux rôles sociaux des interlocuteurs, à leurs interrelations, ainsi qu'au but de la communication. Des fonctions langagières comme inviter, refuser, approuver, etc., sont très dépendantes de facteurs sociaux tels que la politesse, la familiarité, le doigté, etc. Par exemple, lors d'un refus, à la suite d'une requête, les mots et les structures grammaticales dépendent de deux variables en jeu : le degré de familiarité des interlocuteurs et leurs rôles sociaux. Une des façons de faire saisir l'adéquation entre une structure grammaticale et une dimension sociale consiste à recourir à une technique pédagogique comme la dramatisation ou le jeu de rôles, c'est-à-dire une technique qui parait la plus susceptible de sensibiliser l'apprenant, par exemple, à différentes formes de politesse.

Quant aux structures grammaticales qui sont le plus liées à une *dimension sémantique*, ce sont les notions de temps, d'espace, de degré, de quantité et de probabilité; par exemple, les quantificateurs *quelques* et *peu* comme dans *Jean a quelques bonnes idées, Jean a peu de bonnes idées*. Dans des cas de ce type, le choix des éléments linguistiques est guidé, non pas par les interlocuteurs en présence, mais par ce que la personne veut dire, par le message à communiquer. Pour l'enseignement des quantificateurs (*beaucoup, tout, peu,* etc.), des prépositions de lieu, etc. (c'est-à-dire structure + dimension sémantique), les techniques pédagogiques les plus utiles paraissent être les démonstrations, les illustrations ou les activités empruntées à la méthode par le mouvement (*Déposez le livre sur la table, Mettez la main gauche sur votre genou droit*, etc., Germain 1993a).

Enfin, par *dimension discursive*, Celce-Murcia et Hilles entendent des phénomènes tels que l'ordre des mots, la séquence des informations connues et non connues, l'enchainement des idées discutées, et ainsi de suite. Par exemple, il n'y a qu'une différence d'emphase *(focus)* entre *Il a donné les fleurs à **Marie***, c'est-à-dire, pas à Monique, ni à Francine, en réponse à la question *À qui a-t-il donné les fleurs?* et *Il a donné les **fleurs** à Marie*, en réponse à la question *Qu'est-ce qu'il a donné à Marie?* Pour faciliter la prise de conscience par l'apprenant d'une association entre une certaine structure et le discours (Calvé 1994), les auteures recommandent de recourir à la technique de création de textes, de manipulation et d'explication.

Ainsi, chaque association d'une structure grammaticale à une dimension sociale, sémantique ou discursive est mise en relation avec des ressources à exploiter, telles que des activités de simulation, des jeux de rôles, des chansons, des histoires, etc. Selon cette conception, une unité ou structure grammaticale est toujours associée à l'un ou l'autre des trois aspects d'une langue (social, sémantique ou discursif) et, à son tour, le couple structure + dimension est lui-même associé à un certain nombre de techniques et de ressources pédagogiques *(voir tableau 9)*.

Tableau 9

ÉLÉMENTS (DIMENSIONS, TECHNIQUES, RESSOURCES) ASSOCIÉS AUX STRUCTURES GRAMMATICALES

	DIMENSIONS	TECHNIQUES	RESSOURCES
Structure +	Dimension sociale	Interactions dynamiques (dramatisation)	Activités orientées socialement (saynètes, jeux de rôles)
Structure +	Dimension sémantique	Écoute et réponse Démonstration Techniques statiques	Objets (images, réalias, graphiques)
Structure +	Dimension discursive	Création de texte et manipulation Explication	Objets linguistiques et activités telles que chansons, problèmes, histoires

Source : Celce-Murcia et Hilles 1988 : 13.

Toutefois, nous tenons à faire remarquer que toute contextualisation de la grammaire du type proposé par Celce-Murcia et Hilles présuppose une certaine forme de décontextualisation (dont les auteures ne font nullement état), de manière à faciliter la généralisation par l'apprenant. Pour cela, il importe qu'une structure grammaticale se retrouve dans plus d'un contexte linguistique et dans plus d'une situation de communication (Stern 1992 : 310, 311). Quoi qu'il en soit, il s'agit d'une tentative relativement originale d'établir un *rapport systématique* entre un phénomène grammatical contextualisé et certaines techniques d'enseignement.

2. ASSOCIER STRUCTURES GRAMMATICALES ET TÂCHES COMMUNICATIVES

Une autre manière d'associer, cette fois, une structure grammaticale à une tâche communicative particulière est celle, stimulante et d'apparence prometteuse, d'Alison Mackey (université du Michigan). La tentative de Mackey (1994) repose entièrement sur l'idée que tout apprenant de L2 doit passer par une série de stades successifs et qu'à chacun des stades correspondent des structures grammaticales particulières. Les structures grammaticales pour la langue anglaise auxquelles l'auteure fait ici allusion, à la suite de nombreuses recherches empiriques, sont la négation, l'ordre des mots, les questions et la morphologie (du verbe, de l'adverbe, du nom et du pronom). Les tâches communicatives suggérées à des fins d'enseignement en classe de L2 sont contraignantes. Elles consistent en une série de six types de tâches, chaque type étant représenté par trois situations, comme dans le tableau suivant.

Tableau 10	
TYPES DE TÂCHES COMMUNICATIVES	
Types de tâches	Situations
Décrire des activités quotidiennes	La bibliothécaire L'agent de police Le commerçant
Compléter une histoire	Au zoo La soirée L'empoisonnement

Mettre en ordre une série d'images	Le jeu de balle Le pique-nique La recette
Identifier les différences	Les extraterrestres Le parc Les animaux
Connaitre son partenaire	Entre adultes Entre enfants Présentation du partenaire
Dessiner une image	Divers objets La salle de classe La maison et le jardin
Source : Mackey 1994 : 14.	

Les cas sont représentés par des images conçues spécifiquement de manière à faire produire par les apprenants un certain type de structures grammaticales. Le but des tâches communicatives n'est *pas* de réussir à exécuter la tâche demandée (par exemple, mettre en ordre une série d'images), mais bien de stimuler la production de structures grammaticales spécifiques comme on le voit dans le tableau suivant.

Tableau 11	
TYPES DE TÂCHES COMMUNICATIVES ET STRUCTURES GRAMMATICALES ENGENDRÉES	
Types de tâches	Structures produites
Décrire des activités quotidiennes	La troisième personne du singulier Les formes en *-ing* Le pluriel des noms Les pronoms objets Le passé irrégulier Le passé régulier

Tableau 11 *(suite)*	
Types de tâches	Structures produites
Compléter une histoire	Les questions (*wh*, *do*/auxiliaire, sujet-verbe-objet) Les formes en *-ing* Le passé régulier Le passé irrégulier Les pronoms objets Les adverbes en *-ly*
Mettre en ordre une série d'images	La négation (nég. + sujet-verbe-objet et nég. + verbe) Les questions (sujet-verbe-objet) Les questions avec topicalisation Les verbes accompagnés d'une préposition *(switch off)*
Identifier les différences	Les questions (*yes/no* par inversion, inversion de la copule, négation avec *do*...) La négation (nég. + sujet-verbe-objet et nég. + verbe) Le pluriel Le possessif
Connaître son partenaire	Les questions (avec *do*, nég. + verbe, sujet-verbe-objet) Les constructions avec *do* Le pluriel des noms Le possessif
Dessiner une image	La topicalisation adverbiale Les verbes accompagnés d'une préposition *(switch off)* Les questions (*wh*, copule et inversion avec *yes/no*) La négation Le pluriel Le possessif *Do* en début de phrase
Source : Mackey 1994 : 17, 18.	

Chaque tâche communicative est conçue de manière à pouvoir être exécutée par deux personnes, soit entre l'enseignant et un apprenant, soit entre deux apprenants. La plupart des tâches sont du type fermé car les recherches empiriques montrent que les tâches ouvertes, où les apprenants sont relativement libres de discuter ou de parler à propos d'une image, sont beaucoup moins efficaces que les tâches dans lesquelles ils sont contraints de parler ou de fournir les renseignements demandés (Loschky et Bley-Vroman 1993). Par exemple, pour compléter une histoire, les apprenants doivent reconstruire celle-ci en posant des questions à un interlocuteur (l'enseignant ou, de préférence, un autre apprenant) qui la connait déjà. En ce sens, les tâches favorisent une pédagogie de la coopération plutôt que de la compétition entre apprenants.

De surcroit, ces tâches communicatives peuvent engendrer plus d'interactions orales entre apprenants ou plus de négociations du sens. De fait, plus la tâche peut paraitre difficile aux yeux des apprenants, meilleures sont les chances qu'elle donne lieu à une plus grande production d'énoncés contenant les structures grammaticales anticipées.

Les tâches communicatives sont également construites de manière à pouvoir être intégrées dans n'importe quel programme grammatical, à quelque niveau que ce soit (débutant, intermédiaire, avancé); seule la quantité de structures engendrées est appelée à varier, et non le type. Pratiquement, supposons qu'un enseignant en soit dans son programme grammatical à enseigner la formulation de questions avec *Qu'est-ce que?* et avec *Est-ce que?* Pour cela, l'enseignant se réfèrerait, en premier lieu, à un tableau semblable au tableau 11, afin d'identifier le type de tâche qui serait le plus susceptible de faire engendrer des questions avec *Qu'est-ce que?* et avec *Est-ce que?* À la suite de nos propres expériences portant sur le français, il semble bien que la tâche consistant à mettre en ordre une série d'images avec les illustrations sur le pique-nique *(voir pages 174 et 175)* puisse effectivement servir à faire produire ce type de questions.

Essai de synthèse

ENSEIGNEMENT DE LA GRAMMAIRE : LES PRATIQUES GRAMMATICALES EN CLASSE DE L2 | 175

Le type d'illustrations portant sur le pique-nique parait susceptible de faire engendrer des questions comme[1] :
— Qu'est-ce que la famille fait?
— Qu'est-ce qu'ils font ensuite?
— Est-ce qu'il y a de la nourriture?
— Est-ce qu'il y a un autre personnage sur ton image?
Etc.

Les quatre illustrations sont reproduites en quantité suffisante, de manière à permettre aux apprenants de travailler deux à deux. Chaque apprenant reçoit deux des quatre images; son partenaire reçoit les deux autres images de la même série, quel que soit le numéro de l'image. Par exemple, l'enseignant distribue les images b et c à un apprenant (et donc, les images *f* et *d* à son partenaire), les images b et f à un autre apprenant (et les images c et d à son partenaire), les images b et d à un autre apprenant (et les images f et c à son partenaire). Chaque apprenant doit donc questionner son partenaire de manière à tenter, ensemble, de reconstituer la séquence de l'histoire. Il est important de noter que l'apprenant *ne doit pas regarder* l'image de son partenaire et, bien entendu, que l'interaction orale doit se dérouler entièrement dans la L2.

L'enseignant dit donc aux apprenants que chacun ne détient que la moitié d'une histoire en images et que l'autre moitié est détenue par son partenaire; il s'agit de trouver ce qui arrive en premier lieu, en deuxième lieu, et ainsi de suite. Aussi, chacun doit s'efforcer de poser des questions à son partenaire, de manière à éviter que ce soit toujours la même personne qui pose les questions.

---

[1] Il ne s'agit ici que d'exemples afin de mieux illustrer de quoi il s'agit. Aucun exemple de ce type ne doit être fourni aux apprenants, qui n'ont pas à savoir quel est l'objectif grammatical du jeu ou de l'exercice (en l'occurrence, la distinction entre *Est-ce que?* et *Qu'est-ce que?*).

Tout au long de l'exécution de cette tâche, l'enseignant circule parmi les apprenants et porte une attention particulière à la formulation des questions, de manière à y revenir par la suite.

Il serait intéressant d'expérimenter dans des classes de français (L2) les types de tâches proposées par Mackey afin de mieux en apprécier les mérites et les difficultés ou, le cas échéant, afin de procéder aux adaptations nécessaires. Il pourrait en résulter un relevé utile des structures grammaticales du français adaptables à tous les niveaux d'apprentissage et utilisables en tant que complément d'un programme grammatical quelconque. Les tâches elles-mêmes devraient être ordonnées, idéalement, en fonction de leur degré de difficulté ou de complexité et en fonction de facteurs tels que les possibilités d'interaction, le nombre de mots par énoncé, le degré de complexité syntaxique et de difficulté du vocabulaire, les facteurs cognitifs en jeu (par le biais des étapes intellectuelles ou cognitives nécessaires pour réaliser la tâche). Il convient de noter qu'il n'est pas nécessaire de procéder à un enseignement explicite des règles grammaticales, ce qui n'est cependant pas exclu.

3. AMENER LES APPRENANTS À UNE RÉFLEXION GRAMMATICALE SUR LA L2

Une autre suggestion de pratique originale est la démarche pédagogique prônée par Besse dès le début des années 1970 : les exercices de conceptualisation, susceptibles de susciter la réflexion grammaticale de l'apprenant sur la L2 (Besse et Porquier 1991 : 113).

Avec des débutants, la réflexion grammaticale ne peut être faite que dans la langue de départ des apprenants car toute réflexion grammaticale n'est qu'explicitation de l'implicite et, en pareil cas, l'implicite ne peut être que celui de la L1. Cette réflexion portera sur les quelques éléments de la L2 qui ont été appris à l'aide de différents types d'exercices ou de pratiques. Ceci afin de donner à l'apprenant, très tôt, un certain savoir intuitif de ce qui est grammaticalement possible, ou non, dans la langue cible.

Avec des apprenants de niveau intermédiaire ou avancé, les exercices de conceptualisation se déroulent dans la L2. Pratiquement, il s'agit pour l'enseignant de «prendre prétexte d'une erreur grammaticale régulièrement commise par certains étudiants mais non pratiquée par d'autres» (Besse et Porquier 1991 : 114). Cela signifie donc que certains ont déjà intériorisé le microsystème dans lequel s'inscrit l'erreur. Il paraît possible, en prenant comme point de départ les erreurs commises par certains, de miser sur l'intuition grammaticale de ceux qui ont déjà intériorisé ce microsystème, pour leur faire élucider eux-mêmes les règles, dans leur propre métalangage. L'enseignant fait alors produire des phrases qui incluent la difficulté grammaticale et les fait regrouper en deux catégories : les phrases correctes et celles qui ne le sont pas. On obtient alors un corpus, non présélectionné par l'enseignant ou le manuel. Tout porte à croire qu'il y aura alors formulation de quelques hypothèses par les apprenants sur le fonctionnement de la L2. Ces hypothèses sont testées en faisant produire quelques phrases et, si le test s'avère positif, «l'explicitation est considérée comme une règle provisoire, modifiable selon les acquis ultérieurs»; dans le cas contraire, on fait émettre de nouvelles hypothèses (Besse et Porquier 1991 : 114).

Il faut éviter, cependant, de faire reconstituer des règles que l'on trouve dans des grammaires d'apprentissage ou de référence plutôt que d'amener les apprenants à conceptualiser selon leurs propres règles. En procédant de la sorte, les exercices de conceptualisation seraient transformés en exercices de grammaire inductive. Il ne s'agit pas, non plus, de faire reproduire des règles de grammaire apprises antérieurement.

Quoi qu'il en soit, un des mérites de cette démarche[2] est qu'elle vise à faire élucider, dans les termes mêmes des apprenants, un certain savoir intuitif, lui-même produit d'une certaine pratique. Un autre mérite est que cette démarche, visant la prise de conscience par l'apprenant de ses propres intuitions, ne va pas du tout à l'encontre – bien au contraire – des tendances qui se dégagent des théories actuelles et des recherches empiriques sur l'apprentissage de la L2.

Toutefois, il ne faudrait pas confondre, dans leur mode respectif de réalisation pratique, les exercices de conceptualisation de Besse avec les activités de conscientisation langagière (*language awareness*, Hawkins 1985, ou *consciousness-raising*, Rutherford 1987). En effet, les activités de conscientisation langagière visent à faciliter l'acquisition d'une L2 par une prise de conscience des aspects où la langue de départ (de l'apprenant) présente des structures grammaticales différentes de la langue cible (L2) – ce qui est très différent des exercices de conceptualisation prônés par Besse.

Le présent chapitre a été consacré à l'examen de la question des pratiques grammaticales en classe de langue. Dans la première partie, nous avons fait état des quelques rares données d'observations issues de la classe de L2 dont on dispose touchant, d'une part, cinq techniques d'enseignement de la grammaire (identification, classification, systématisation, application et généralisation) et, d'autre part, le discours grammatical de l'enseignant, qui explique en simplifiant, donne des phrases

---

[2] À cet égard, il est dommage que l'auteur ait appelé cette procédure *exercices de conceptualisation* car, dans les faits, il s'agit moins d'*exercices* que d'une démarche, à reprendre en fonction de chaque groupe d'apprenants. L'appellation *démarche de conceptualisation* aurait vraisemblablement été plus appropriée.

types, propose des situations exemples, commente l'emploi de la forme enseignée et recourt à des explications reposant sur l'éclectisme. Dans la deuxième partie du chapitre, nous avons suggéré quelques pratiques novatrices : associer structures grammaticales et dimensions sociale, sémantique et discursive, ce couple étant lui-même associé à certaines techniques et ressources pédagogiques; associer structures grammaticales et tâches communicatives; et enfin, amener les apprenants à une réflexion grammaticale par une démarche apparemment peu répandue malgré la solidité de ses fondements théoriques : les exercices de conceptualisation.

CHAPITRE 9

REPRÉSENTATION GRAMMATICALE DE L'ENSEIGNANT

Les écrits concernant la grammaire, en didactique des langues, sont très nombreux. Pourtant, à l'analyse, ce qui frappe, c'est que peu d'articles ou d'ouvrages sur la question se sont véritablement intéressés jusqu'ici aux représentations grammaticales de l'enseignant. Avec l'acceptation de plus en plus grande, au cours des dernières années, des données de la recherche qualitative, il parait maintenant possible, voire souhaitable, de tenter d'identifier ou de décrire le point de vue des enseignants en ce qui concerne un sujet qui les touche de près : la grammaire. L'idée fondamentale qui sous-tend ce type de recherche est que les activités qui se passent dans une salle de classe paraissent reposer précisément, en très grande partie en tout cas, sur l'idée que les enseignants de langue se font de ce qu'est la grammaire, de son importance, de ses finalités, de son rôle, de ses caractéristiques, et ainsi de suite. C'est pourquoi on ne saurait faire le point sur la grammaire en didactique des langues sans une étude, si préliminaire soit-elle, de l'idée ou de la représentation que se font de la grammaire et de son enseignement/apprentissage quelques enseignants de langue. Pour cela, nous traitons tout d'abord, à partir de sondages, de la représentation grammaticale des enseignants, sur deux points majeurs : la nature d'une règle grammaticale, d'une part, et les finalités de l'enseignement de la grammaire, d'autre part. Dans la seconde partie, nous abordons la question de la représentation grammaticale, dans la multiplicité de ses dimensions, par le biais de trois études de cas.

A. RÈGLE GRAMMATICALE ET FINALITÉS DE L'ENSEIGNEMENT DE LA GRAMMAIRE

Si l'on veut comprendre véritablement la portée des activités grammaticales d'une classe de L2, il importe tout d'abord de déterminer quelle est la conception ou représentation que se fait l'enseignant de langue d'une règle grammaticale et de la finalité de son enseignement. En effet, comme le suppose Besse (1989, 1991), ce seraient ces conceptions qui détermineraient les techniques différentes d'enseignement de la grammaire. Si une même technique d'enseignement de la grammaire (comme la traduction ou des explications grammaticales) parait si diversement pratiquée dans la réalité de la salle de classe, c'est que sa mise en pratique serait la résultante de la représentation ou conception de la règle grammaticale et de sa finalité que se fait chaque enseignant de langue. La diversité d'application d'une même technique d'enseignement recommandée dans un manuel est telle que l'on a parfois l'impression d'avoir affaire à des techniques différentes. Tel est l'objet du sondage de Besse, dont les résultats seront présentés puis comparés à notre propre sondage du même type.

1. LA NOTION DE RÈGLE GRAMMATICALE

Selon Besse (1991), on peut considérer qu'il existe trois grandes conceptions de la règle grammaticale : une conception juridique, une conception descriptiviste et une conception constructiviste. La question revient donc à se demander si, pour des enseignants de langue, une règle grammaticale est vue comme un précepte, comme une loi ou comme une hypothèse.

La *conception juridique* est celle qui fait de la règle grammaticale un précepte ou une loi. Une règle grammaticale serait donc semblable à une loi sociale, morale ou religieuse. Or, ce qui caractérise une loi, c'est le fait qu'elle doit être promulguée, imposée de l'extérieur à tous les membres de la communauté concernée. Elle est donc impérative : elle ne peut être que suivie ou violée. Le fait qu'elle soit plus ou moins conforme à des usages réels importe peu. Ce qui compte avant tout c'est qu'elle soit édictée d'autorité. Tel est le cas de la règle de l'accord du participe passé avec *avoir* qui est toujours maintenue d'autorité même si elle n'est plus *spontanément* suivie par les francophones. Il en va de même des règles du type *Dites/Ne dites pas* qui promulguent un «bon usage», ainsi que des règles de l'orthographe grammaticale (accords de genre, nombre, personne) : par exemple, la règle suivant laquelle il faut employer l'indicatif dans les subordonnées au passé avec *après que* n'est pratiquement jamais suivie puisque plusieurs francophones utilisent le subjonctif (*Après qu'elle soit partie, on a regardé la télévision* au lieu de *après qu'elle a été partie*).

La *conception descriptiviste* renvoie à une vision scientifique de la règle grammaticale. Partant du modèle des sciences de la nature, telles que la physique et la chimie, certains chercheurs considèrent la règle grammaticale comme l'expression d'une loi générale, d'une régularité entre des phénomènes langagiers observables. Dans cette perspective, une règle n'a donc pas à être promulguée ou imposée de l'extérieur. Les règles grammaticales seraient dans la nature même de chaque langue; le travail scientifique du linguiste consisterait à les découvrir. Une règle serait la description des régularités d'une langue, qui existeraient objectivement, indépendamment de la conception ou du regard du chercheur. Toute règle grammaticale aurait le statut d'une loi scientifique. C'est à cette conception que se réfèrent tous ceux qui recourent à une démarche inductive d'apprentissage : partir d'un ensemble d'exemples choisis afin d'y faire découvrir la règle par l'apprenant, comme c'est le cas dans la plupart des exercices structuraux de la méthode audio-orale.

Quant à la *conception constructiviste*, elle pose qu'une règle grammaticale n'est pas inhérente à la langue étudiée, mais une invention ou une construction hypothétique du chercheur. Suivant cette conception, une règle ne serait pas la résultante d'un processus de découverte mais d'un processus d'invention : l'observateur reconstruit le réel pour mieux le comprendre. Les règles grammaticales ne seraient donc pas des lois de la nature, immuables, mais bien des conventions, des reconstructions hypothétiques de la réalité langagière. Une règle n'est pas induite de la réalité, mais déduite par une démarche hypothético-déductive. C'est à cette dernière conception que se rallie Besse (1991), qui prône le recours à des exercices de conceptualisation *(voir chapitre 8)*.

Le sondage de Besse

En 1988, Besse a élaboré un questionnaire visant à déterminer les représentations grammaticales des enseignants de français L2. Il s'agissait de vérifier si les conceptions juridique, descriptiviste et constructiviste correspondaient effectivement à celles des enseignants et, le cas échéant, laquelle l'emporterait en importance. La première partie du questionnaire comportait quatre rubriques. Nous ne nous intéresserons qu'à la troisième, qui consistait à proposer aux enseignants de français L2 quelques définitions de ce qu'est une règle de grammaire *(voir tableau 12)*. Il s'agissait de cocher celle ou celles – mais pas plus de deux – qui correspondaient le mieux à leur conception.

Le questionnaire a été rempli par cent soixante-quatre enseignants de français L2 et formateurs d'enseignants provenant de différents pays (de septembre à décembre 1988), lors du stage annuel et du stage d'été du Centre de recherche et d'étude pour la diffusion du français (CRÉDIF) à Saint-Cloud, en France, et lors de stages donnés par Besse à Luxembourg, à Dublin, à Radès en Tunisie et à l'École normale de Paris, «par des enseignants qui, pour la moitié d'entre eux, étaient au courant des idées "constructivistes" de son auteur» (Besse 1989 : 80). Les définitions les plus fréquemment choisies apparaissent dans le tableau 12, dans un ordre décroissant (*e* est la définition la plus fréquente, choisie dans 43% des cas).

Tableau 12		
DÉFINITION D'UNE RÈGLE GRAMMATICALE PAR DES ENSEIGNANTS DE L2 **(Sondage de Besse)**		
e	C'est la description d'une régularité interne de la langue.	43%
f	C'est une représentation explicitée de la manière dont on suppose que fonctionnent certains éléments de la langue.	41%
c	Ce sont des faits observés et généralisés.	28%
b	C'est une hypothèse proposée par les grammairiens au sujet d'un mécanisme de la langue.	25%
a	C'est un précepte pour bien parler ou bien écrire.	20%
d	C'est une formule qui prescrit comment on doit orthographier la langue.	13%
g	C'est ce qui gouverne nos comportements langagiers.	11%
Source : Besse 1991 : 78, 79.		

Toutefois, comme il y avait possibilité de cocher deux définitions au maximum, les réponses peuvent être couplées, en tenant compte des trois conceptions présentées initialement. C'est ainsi que les définitions *a* et *d* renvoient à une conception juridique de la règle de grammaire, *b* et *f*, à une conception constructiviste, et *c* et *e*, à une conception descriptiviste. Compte tenu de ces couplages, on obtient alors les pourcentages qui apparaissent dans le tableau 13.

Tableau 13		
COUPLAGE DES DÉFINITIONS SELON LES CONCEPTIONS (Sondage de Besse)		
c + e	Conception descriptiviste	72 %
b + f	Conception constructiviste	66 %
a + d	Conception juridique	33 %
Source : Besse 1989 : 109.		

C'est donc la conception descriptiviste ou scientifique qui l'emporte sur les deux autres; c'est la conception juridique qui est la moins répandue. Mais, précise Besse, ce qui frappe dans les résultats, c'est le nombre de réponses renvoyant à une conception mixte :

— descriptivo-constructiviste, pour près d'un tiers des réponses;

— juridico-descriptiviste, plus rare, pour environ 14 %;

— juridico-constructiviste, encore plus rare, pour environ 12 %.

Le sondage de Germain et Séguin

Pour notre part, désireux de vérifier dans quelle mesure les représentations grammaticales de quelques enseignants de L2 au Canada correspondaient à celles des enseignants qui ont répondu au questionnaire de Besse, nous avons cru utile de réaliser un sondage semblable dont nous présentons ici les résultats pour la première fois. Après pré-enquête auprès de quelques enseignants, nous avons éliminé *g* et simplifié la formulation de la définition *f* : *C'est une représentation explicitée de la manière dont on suppose que fonctionnent certains éléments de la langue* (Besse 1991 : 80). Dans notre questionnaire, la définition *f* est devenue : *C'est une représentation (ou une illustration) de l'idée que l'on se fait du fonctionnement d'une langue.*

Notre questionnaire *(voir tableau 14)* a été glissé dans l'enveloppe qui a été remise à chaque participant au congrès de l'Association québécoise des enseignantes et des enseignants de français langue seconde (AQEFLS) en 1992, soit environ six cents enseignants de français L2, qui étaient libres d'y répondre. Les questionnaires remplis (anonymement) devaient être déposés dans une boîte placée dans un endroit stratégique. Au total, cinquante questionnaires ont été retournés, ce qui représente un faible taux de participation, soit moins de 10 %, cependant considéré comme plus ou moins courant dans ce type de sondage.

De plus, le même questionnaire a été soumis à treize étudiants inscrits à un séminaire de maitrise en linguistique, option didactique des langues, donné à l'Université du Québec à Montréal à la session du printemps 1992. Le questionnaire a aussi été envoyé aux enseignants de français L2 de l'Université Carleton à Ottawa (treize répondants), de l'Université d'Ottawa (onze répondants enseignants de français L2 et huit répondants enseignants d'anglais L2) et du centre Bisson de la Commission de la fonction publique du Canada, à Hull (trois répondants). Ce qui représente un total de quatre-vingt-dix-huit réponses. Les tableaux 14 et 15 donnent un aperçu des définitions et conceptions privilégiées par les enseignants du Canada qui ont bien voulu répondre à notre questionnaire.

Tableau 14

DÉFINITIONS D'UNE RÈGLE GRAMMATICALE PAR DES ENSEIGNANTS DE L2
(Sondage de Germain et Séguin)

e	C'est la description d'une régularité interne de la langue.	48 %
c	Ce sont des faits observés et généralisés.	38 %
f	C'est une représentation (ou une illustration) de l'idée que l'on se fait du fonctionnement d'une langue.	36 %
b	C'est une hypothèse proposée par les grammairiens au sujet d'un mécanisme de la langue.	27 %
a	C'est un précepte pour bien parler ou bien écrire.	19 %
d	C'est une formule qui prescrit comment on doit orthographier la langue.	16 %

Tableau 15

COUPLAGE DES DÉFINITIONS SELON LES CONCEPTIONS
(Sondage de Germain et Séguin)

c + e	Conception descriptiviste	87 %
b + f	Conception constructiviste	72 %
a + d	Conception juridique	36 %

Une comparaison des résultats des deux sondages

Si on compare ces résultats à ceux obtenus dans le sondage de Besse, on constate que la conception *b (c'est une hypothèse proposée par les grammairiens au sujet d'un mécanisme de la langue)*, du type constructiviste, est à peu près identique dans les deux sondages (27 %, comparativement à 25 % dans le sondage de Besse).

Mais, dans les conceptions les plus fréquentes, les résultats divergent. En effet, dans le sondage de Besse (tableau 12), les conceptions les plus répandues se répartissaient ainsi (par ordre décroissant) :
— *e* (conception descriptiviste), 43 %;
— *f* (conception constructiviste), 41 %;
— *c* (conception descriptiviste), 28 %.

Dans notre sondage (tableau 14), on obtient plutôt l'ordre suivant (toujours par ordre décroissant) :
— *e* (conception descriptiviste), 48 %;
— *c* (conception descriptiviste), 38 %;
— *f* (conception constructiviste), 36 %.

Ces résultats sont corroborés par l'examen des résultats détaillés des couplages des réponses dans notre sondage (tableau 15). En effet, dans notre sondage, la conception descriptiviste est effectivement la plus cochée ($c + e = 87\%$, comparativement à 72 % dans le sondage de Besse) et la conception juridique la moins cochée ($a + d = 36\%$, comparativement à 33 % dans le sondage de Besse); entre les deux se trouve la conception constructiviste ($b + f = 72\%$, comparativement à 66 % dans le sondage de Besse). L'ordre des trois grands types de conception est donc bien le même, mais il y a nette prédominance, en milieu canadien, de la conception descriptiviste.

La conception juridique (*a* et *d*) est toujours la moins répandue, bien qu'elle le soit un peu plus en milieu canadien (36 %, comparativement à 33 % dans le sondage de Besse). De plus, il est intéressant de remarquer que l'écart dans la conception descriptiviste est relativement grand entre les deux sondages, soit 15 %. En effet, dans le sondage de Besse cette conception a été choisie dans 72 % des cas, alors qu'elle l'a été dans 87 % des cas dans notre sondage. La conception scientifique, relativement homogène, parait donc passablement répandue en milieu canadien, aux dépens surtout de la conception constructiviste, qui semble moins familière (mais beaucoup plus populaire que la conception juridique, dans les deux sondages). S'agit-il de différences réelles ou de différences dues aux conditions dans lesquelles se sont déroulés les sondages? Comme le fait remarquer Besse, la moitié des enseignants étaient au courant de ses idées constructivistes. Par ailleurs, du côté canadien, il est vraisemblable que la conception constructiviste de Besse soit moins connue que dans certains pays d'Europe ou d'Afrique du Nord, même si ses écrits sont passablement répandus en milieu canadien.

Quant aux réponses relevant d'une conception mixte, on constate d'assez grandes différences entre les deux sondages. Dans le sondage de Besse, les réponses au questionnaire renvoient très majoritairement (au-delà de 75 %) à des conceptions mixtes, alors que, dans notre sondage, les réponses renvoient dans environ 58 % des cas à des conceptions mixtes : le double des répondants du Canada par rapport aux répondants du sondage de Besse ont une conception nettement juridique, ou constructiviste, ou descriptiviste – et non une conception mixte.

Par contre, là où les deux sondages se rejoignent, c'est dans la contradiction qui existe entre la conception la moins représentée, la conception juridique, et les résultats à une autre question du sondage consistant à faire identifier la première règle qui vient à l'esprit. Pour 50 % des répondants de Besse, la première règle mentionnée est celle des accords du participe passé ou de l'adjectif. La question posée était la suivante : *Citez ou formulez une règle de grammaire (relative ou non à la langue française).* Dans l'ordre, les réponses à la question ont été les suivantes, dans le sondage de Besse :

— l'accord du participe passé avec *avoir* (dans 25 % des cas);

— l'accord de l'adjectif et du nom ou du pronom (15 %);

- l'accord du participe passé avec *être* (10%);
- l'accord du verbe avec son sujet (7%);
- le maintien de l'infinitif dans la forme verbale d'un verbe qui en suit un autre (6%).

Quant aux autres règles mentionnées (subjonctif après les verbes de souhait ou de doute, ajout d'un -s aux mots pluriels, concordance des temps, etc.), elles ont un pourcentage inférieur à 2%. En définitive, ce sont «les accords orthographiques de genre et de nombre [qui] apparaissent donc comme la préoccupation première des enseignants de français langue étrangère ou seconde» (Besse 1991 : 108). Il y a contradiction en ce sens que pareille préoccupation, qui est au fondement même de l'orthographe, implique une conception juridique, conception la moins représentée dans les autres questions du sondage. De plus, il faut souligner que les règles qui viennent les premières à l'esprit des enseignants sont peut-être tout simplement celles qui sont les plus faciles à formuler, sans qu'il soit nécessaire de recourir à un langage relativement complexe ou formalisé.

Pour notre part, nous n'avons posé la question (dès la première rencontre) qu'aux treize étudiants inscrits à notre séminaire de maitrise en linguistique, option didactique des langues, portant précisément sur la grammaire et la didactique des langues. Les résultats sont sensiblement les mêmes, toutes proportions gardées. En effet, les résultats, par ordre de fréquence, sont les suivants :

- l'accord du participe passé avec *avoir* (15%);
- l'accord de l'adjectif et du nom ou du pronom (11%);
- l'accord du participe passé avec *être* (10%);
- l'accord du verbe avec son sujet (7%);
- le maintien de l'infinitif dans la forme verbale d'un verbe qui en suit un autre (6%).

Les autres règles mentionnées (ajout d'un -s aux mots pluriels, concordance des temps, etc.) apparaissent moins de cinq fois. Ce sont donc, là encore, comme c'était le cas dans le sondage de Besse, les règles des accords orthographiques de genre et de nombre qui sont la préoccupation première des enseignants de français L2, même si la conception juridique qui la sous-tend est la moins répandue lorsqu'il s'agit de définir ce que l'on peut entendre par *règle grammaticale*.

Pareille contradiction serait liée au fait que les enseignants vivent une double contrainte : «celle que leur impose l'environnement social et celle que linguistes et didacticiens leur intiment, au nom d'une scientificité qui se veut non normative» (Besse 1991 : 79). Autrement dit, d'un côté, les enseignants tentent de répondre à la pression sociale qui veut que la grammaire serve à montrer à bien écrire et à bien parler et, de l'autre, ils sont attirés par l'idée de scientificité, qui est non normative.

Deux remarques s'imposent ici, cependant. D'une part, l'attitude normative dont il vient d'être question n'est pas l'apanage de seuls enseignants de langue : elle se retrouve vraisemblablement chez tout individu moyennement scolarisé et soucieux de la qualité de la langue. D'autre part, dans le cas des enseignants, pareille attitude ne signifie pas pour autant que ceux-ci accordent priorité, en salle de classe, à l'enseignement de règles normatives. Quoi qu'il en soit, la meilleure façon d'échapper à cette double contrainte, dans le cas des enseignants de langue, serait de se rallier à une conception constructiviste de la règle grammaticale, ainsi que le prône Besse, conception que nous endossons d'ailleurs totalement (et que nous avons présentée au chapitre 2).

Il faut cependant préciser que, dans le cas des deux sondages, de nombreuses variables n'ont pas été prises en compte, le nombre de réponses est très restreint et aucune précaution n'a été prise afin d'assurer la représentativité de l'échantillon.

Ces chiffres «ne sont pas rigoureusement interprétables» (Besse 1991 : 80). Toutefois, ils fournissent un certain nombre d'indications sur les conceptions dominantes des enseignants ou, à tout le moins, peuvent servir d'hypothèses de recherche à vérifier empiriquement, éventuellement.

2. LES FINALITÉS DE L'ENSEIGNEMENT DE LA GRAMMAIRE

Le questionnaire de Besse comportait deux parties. Jusqu'ici, il n'a été question que de la partie portant sur la nature d'une règle grammaticale. La seconde partie du sondage portait sur les finalités de l'enseignement de la grammaire.

Le sondage de Besse

Cette partie du questionnaire de Besse a été élaborée à partir, d'une part, des réponses d'enseignants à la question ouverte : *Pourquoi enseigner les règles grammaticales d'une L2?* et, d'autre part, à partir d'une étude de quelques écrits sur la question. Le questionnaire qui en est résulté a pris la forme suivante.

QUESTIONNAIRE DE BESSE SUR LA FINALITÉ DE L'ENSEIGNEMENT DE LA GRAMMAIRE

Voici diverses affirmations sur le pourquoi de l'enseignement des règles grammaticales en classe de langue seconde. Encerclez celles – **pas plus de deux lettres** – avec lesquelles vous êtes le plus d'accord :
   a. Elles permettent de parler et d'écrire correctement.
   b. En début d'apprentissage, elles ne facilitent guère l'acquisition de la langue seconde.
   c. Elles développent l'intelligence ou la rigueur de raisonnement des élèves.
   d. Elles permettent de sensibiliser les élèves aux différences linguistiques et culturelles.
   e. Ce sont des connaissances qui relèvent en tant que telles de la formation générale.
   f. Elles entraînent trop de confusion dans l'esprit des élèves pour être utiles.
   g. À travers elles, les élèves prennent mieux conscience de la langue qu'ils apprennent et de celle(s) qu'ils savent déjà.
   h. Elles servent à enseigner l'orthographe.

Extrait de Besse 1991 : 82, 83.

Derrière ce questionnaire, se dissimulent trois finalités de la grammaire :
- une finalité instrumentale positive représentée par *a* et *h*, et négative représentée par *b* et *f*;
- une finalité formative positive représentée par *c* et *e*;
- une finalité éducative positive représentée par *d* et *g*.

Ce questionnaire a été soumis par Besse à cent deux enseignants de français L2. Les résultats se présentent comme suit :
- la finalité instrumentale : près de la moitié a choisi *b* et *f* (mais c'est surtout le premier qui a été choisi) et un cinquième a opté pour *a* et *h*; cela pourrait signifier que le retour au cognitif ou à la grammaire des théoriciens n'est pas chose faite chez les enseignants;
- la finalité formative : seulement un cinquième a choisi *c* et *e*, ce qui montre que ce type de finalité est très peu répandu;
- la finalité éducative : les deux tiers ont opté pour *g* et un tiers pour *d*, ce qui dénote un intérêt certain pour ce type de finalité.

Le sondage de Germain et Séguin et comparaison des résultats des deux sondages

Afin de vérifier dans quelle mesure les finalités de l'enseignement des règles grammaticales étaient comparables (ou non) chez certains enseignants de français L2 au Canada et dans certains pays européens, nous avons ajouté à notre questionnaire, auquel ont répondu quatre-vingt-dix-huit enseignants, la même question que Besse, portant sur le pourquoi de l'enseignement des règles grammaticales. Nos résultats apparaissent dans le tableau 16 avec ceux de Besse pour mieux voir comment ils se comparent.

Tableau 16

RÉSULTATS COMPARÉS DES DEUX SONDAGES SUR LES FINALITÉS DE L'ENSEIGNEMENT DE LA GRAMMAIRE		
FINALITÉ	SONDAGE BESSE (1988)	SONDAGE GERMAIN ET SÉGUIN (1992)
Instrumentale		
a. Elles permettent de parler et d'écrire correctement.	20%	50%
h. Elles servent à enseigner l'orthographe.		
b. En début d'apprentissage, elles ne facilitent guère l'acquisition de la langue seconde.	50%	30%
f. Elles entrainent trop de confusion dans l'esprit des élèves pour être utiles.		
Formative		
c. Elles développent l'intelligence ou la rigueur de raisonnement des élèves.	20%	16%
e. Ce sont des connaissances qui relèvent en tant que telles de la formation générale.		
Éducative		
d. Elles permettent de sensibiliser les élèves aux différences linguistiques et culturelles.	33%	25%
g. À travers elles, les élèves prennent mieux conscience de la langue qu'ils apprennent et de celle(s) qu'ils savent déjà.	66%	68%

Pour la finalité instrumentale, les scores varient dans les deux sondages : dans le sondage de Besse, près de la moitié ont choisi b et f *(En début d'apprentissage, elles ne facilitent guère l'acquisition de la langue seconde* et *Elles entrainent trop de confusion dans l'esprit des élèves pour être utiles)* ; dans notre sondage, cette finalité n'a été choisie que par environ 30 % des répondants. La différence dans les résultats pourrait cependant être due à la façon dont a pu être interprété *en début d'apprentissage* : pour certains, cela pourrait vouloir dire l'apprentissage en bas âge, alors que pour d'autres, cela pourrait faire référence à des débutants dans l'apprentissage d'une L2, quel que soit l'âge de l'apprenant. De plus, toujours en rapport avec la finalité instrumentale, il est à noter que 20 % seulement des répondants dans le sondage de Besse ont choisi a et h *(Elles permettent de parler et d'écrire correctement* et *Elles servent à enseigner l'orthographe)*, alors que ce choix s'élève à près de 50 % dans notre sondage.

En milieu canadien, la conception normative ou juridique est donc prépondérante en ce qui concerne les finalités de l'enseignement de la grammaire, même si c'est la conception descriptiviste qui l'emporte lorsqu'il est question de définir la règle grammaticale. L'effet de la double contrainte, mentionné par Besse, est donc plus apparent, sans que l'on puisse fournir d'explication au phénomène.

Quant à la finalité formative, elle est relativement équivalente dans les deux sondages. En effet, 20 % des répondants ont opté pour c et e dans le sondage de Besse *(Elles développent l'intelligence ou la rigueur de raisonnement des élèves* et *Ce sont des connaissances qui relèvent en tant que telles de la formation générale)* alors que 16 % de nos répondants ont opté pour ces finalités. Dans les deux cas, on peut supposer qu'il s'agit de conceptions qui sont la conséquence de l'évolution même de la didactique des langues, qui s'est développée de manière relativement autonome, parallèlement au domaine des sciences de l'éducation. C'est ainsi que les rapports entre la formation langagière et la formation générale de l'apprenant d'une L2 ont été passablement négligés, tant de la part des chercheurs que des praticiens.

En ce qui concerne la finalité éducative, les résultats sont pratiquement identiques dans le cas de *g* (*À travers elles, les élèves prennent mieux conscience de la langue qu'ils apprennent et de celle(s) qu'ils savent déjà*) mais seulement le quart de nos répondants ont opté pour *d* (*Elles permettent de sensibiliser les élèves aux différences linguistiques et culturelles*), comparativement au tiers dans le sondage de Besse.

B. ÉTUDES DE CAS

Afin d'approfondir l'étude de la représentation grammaticale des enseignants, nous avons procédé à des études de cas, à partir de l'analyse d'entrevues réalisées par trois étudiantes de l'Université du Québec à Montréal[1] dans le cadre du séminaire de maitrise Grammaire et didactique des langues, au printemps 1992. Il s'agissait, dans chaque cas, d'une entrevue semi-dirigée, c'est-à-dire que certaines grandes questions avaient été préparées à l'avance mais aucun ordre n'avait été préétabli. De la sorte, les intervieweures avaient comme consigne de se laisser guider par les réponses des interviewés et d'enchainer leurs questions à partir du contenu des réponses, en évitant autant que possible d'imposer leur propre conception de la grammaire. En d'autres mots, chaque entrevue (enregistrée) était faite à partir d'un canevas plutôt que d'un long questionnaire prédéterminé et détaillé. Par exemple, si la personne interviewée disait qu'elle recourait dans son

---

[1] Il s'agit de Claire-Andrée Dorval, de Réjane Gélinas et de Marguerite Hardy. Nous leur exprimons toute notre reconnaissance pour nous avoir aimablement autorisés à reproduire ici et en appendice ces larges extraits de leurs travaux.

enseignement à l'approche communicative, les intervieweures pouvaient enchainer avec une question du type suivant : «Tu viens de dire que tu utilises l'approche communicative. Pourrais-tu me dire ce que tu entends par là?»

Nos études de cas (dont l'analyse détaillée se trouve en appendice) appellent quatre remarques. D'abord, les entrevues permettent de mettre en évidence l'hiatus énorme qui parait exister entre les conceptions de la grammaire que se font les enseignants de langue interrogés et ce qu'on trouve couramment dans les écrits sur le sujet. Les convictions ou représentations des enseignants sont, de loin, beaucoup plus complexes et diversifiées que le discours des théoriciens sur le sujet. C'est que chaque enseignant parait beaucoup plus marqué, dans ses croyances grammaticales, par sa formation et par son propre passé ou par son expérience (comme étudiant, autrefois) que par les théories actuelles qui circulent dans le domaine.

Une seconde observation touche l'importance de la double contrainte : en effet, chacun des trois enseignants interviewés parait tiraillé entre, d'un côté, le désir de répondre aux besoins normatifs de la société – enseigner à bien parler et à bien écrire – et, d'un autre côté, l'incitation des chercheurs d'adopter une attitude scientifique, et donc non normative, vis-à-vis de la langue en général et de la grammaire en particulier. Les entrevues viennent corroborer les résultats des sondages de Besse et de Germain et Séguin.

De plus, il ressort de ces trois brèves études de cas que l'un des présupposés communs est que, en dépit de la divergence de conception de la grammaire chez chacun des enseignants interviewés, l'apprentissage de la langue passe par une maitrise de la grammaire afin d'assurer une communication de qualité, tant à l'oral qu'à l'écrit. C'est ce qui fait que chacun accorde une très grande importance à la maitrise de la grammaire.

Enfin, dans les deux études de cas se rapportant spécifiquement à l'enseignement/apprentissage d'une L2, la démarche d'apprentissage privilégiée est l'induction : faire découvrir la règle générale à partir de l'examen d'un ensemble de cas particuliers. De plus, une des convictions communes aux deux enseignantes en question est que la grammaire serait sécurisante, tant pour elles-mêmes que pour les apprenants. Il y a là un facteur – l'effet sécurisant de la grammaire – qui pourrait être primordial dans les pratiques de certains enseignants de L2 mais cela reste à être vérifié empiriquement sur une plus grande échelle. Ce facteur n'est pourtant qu'exceptionnellement mentionné dans les écrits théoriques au sujet de l'apprentissage de la grammaire.

Nos études de cas mettent en évidence certains aspects particuliers des sondages : la complexité et la diversité des représentations grammaticales des enseignants de L2 (comparativement à la simplicité des écrits sur la question), la double contrainte et la reconnaissance de la nécessité d'enseigner la grammaire. Enfin, les études de cas montrent l'importance, passée sous silence lors des sondages, de recourir à une démarche inductive d'apprentissage.

L'intérêt de la question fondamentale examinée au tout début de ce chapitre – *Qu'est-ce qu'une règle grammaticale?* ainsi que la question qui lui est associée inévitablement *Quelles sont les finalités de l'enseignement de la grammaire?* – vient de l'hypothèse suivant laquelle la façon dont un enseignant s'y prend pour enseigner la grammaire d'une L2 est conditionnée, en très grande partie, par l'idée ou la représentation que se fait cet enseignant de ce qu'est une règle grammaticale et des finalités de l'enseignement de la grammaire. Afin de mettre à jour ce double aspect de la grammaire de l'enseignant, nous avons tout d'abord rapporté les résultats de sondages sur cette double question, faits par Besse en 1988 et par nous en 1992, en milieu canadien. Nous avons également rapporté les résultats de trois études de cas.

L'idée la plus intéressante qui ressort de la comparaison des résultats est celle d'une double contrainte, d'un dilemme révélé par les sondages, auquel les enseignants de langue seraient confrontés : d'une part, ceux-ci se sentent pressés par le milieu social de recourir à la grammaire prescriptive pour montrer à bien parler et à bien écrire (d'où la grande fréquence de la conception juridique, normative, d'une règle grammaticale et de ses finalités, ce qui ne signifie pas que, dans leur enseignement, les enseignants soient effectivement influencés par cette conception juridique); d'autre part, ils sont attirés par l'idée de scientificité qui, par ailleurs, est non normative (d'où la fréquence, également, de la conception descriptiviste). C'est ce type de tiraillement, cette double contrainte, qui permettrait de rendre compte de certains résultats apparemment contradictoires dans les sondages rapportés dans ce chapitre. Pour s'en sortir, suggère Besse – car cela ne correspond pas, à l'heure actuelle, aux conceptions de la majorité des enseignants –, il suffirait d'opter pour une conception constructiviste de la règle grammaticale (en harmonie, d'ailleurs, avec nos propres présupposés épistémologiques tels qu'énoncés au cours du deuxième chapitre). Mais c'est là une autre histoire, qui appartient à l'avenir de la profession.

TROISIÈME PARTIE

EN GUISE DE PROSPECTIVE

CHAPITRE 10

BILAN ET PROSPECTIVE

Lorsqu'il est question de grammaire, on ne saurait apporter de réponse simple à une question d'une extrême complexité. De nos jours, affirmer que le choix d'une grammaire et que son type d'enseignement doivent varier selon les objectifs du cours, selon les milieux scolaires et, surtout, selon les caractéristiques des apprenants, fait presque partie des banalités de la didactique des langues. Pourtant, il n'en a pas toujours été ainsi. À l'uniformité du passé, on oppose aujourd'hui la diversité des situations scolaires, des milieux, des apprenants, des objectifs. C'est ce souci de la prise en compte de la très grande diversité des situations éducatives, en L2, qui rend maintenant si aigüe la question de la grammaire. C'est surtout la prise de conscience de la nécessité de respecter les particularités de chaque milieu éducatif qui entraine une remise en cause de la grammaire telle qu'elle se pratiquait autrefois en didactique des langues.

Ce qui distingue notre époque des époques antérieures, c'est précisément le fait que, de nos jours, on a pris conscience des multiples dimensions qu'implique le recours à la grammaire. Aux 17e et 18e siècles, la question de la grammaire et de son enseignement se posait dans des termes relativement simples : les apprenants appartenant à peu près tous à une même classe sociale, sensiblement homogène, et l'objectif fondamental étant le même pour tous (acquérir une discipline mentale par l'apprentissage du latin), il fallait apprendre la grammaire de manière exhaustive, la même pour tous. On peut aussi supposer que cet enseignement était donné à peu près de la même manière par tous les enseignants. On apportait donc une réponse unique, valable pour l'ensemble des situations, elles-mêmes sensiblement homogènes, à une question qui, en cette fin de 20e siècle, parait maintenant comporter de nombreuses facettes.

De plus, ce qui vient compliquer davantage le problème, c'est que, comme on l'a vu au premier chapitre, la grammaire elle-même ne semble plus être ce qu'elle était. C'est que l'étude du domaine grammatical a connu, également, une certaine évolution, tant sous la pression des didacticiens de la langue qu'à la suite d'une certaine évolution de la linguistique. Il en résulte, là encore, le sentiment d'une très grande complexité. La grammaire d'aujourd'hui parait beaucoup plus éclatée qu'autrefois, de sorte qu'il a bien fallu en arriver à se poser la question *Quelle grammaire enseigner?*, question quasiment inconcevable aux 18e et 19e siècles. À cette époque, on croyait qu'il n'existait qu'*une* grammaire et il allait de soi que c'était cette grammaire qu'il fallait enseigner et qui devait être enseignée de façon exhaustive.

À notre époque, l'extrême diversité des situations, des objectifs visés et des types d'apprenants d'une part et, d'autre part, l'évolution de l'étude de la grammaire dans le sens d'une complexification et d'une plus grande diversité, font que s'impose un réexamen de la nature, de la place et du rôle de la grammaire dans l'apprentissage d'une L2. Telle a été la préoccupation qui nous a guidés tout au long de l'ouvrage : la diversité des situations (milieux, objectifs, apprenants) et des points de vue sur la grammaire.

On sait, par exemple, que le recours à l'explicitation de règles d'usage ne convient pas également à toutes les situations d'apprentissage, puisque ce ne sont pas tous les apprenants qui peuvent ou veulent tirer profit des généralisations formulées explicitement, soit à cause de différences individuelles, de stratégies d'apprentissage différentes, de leur prédisposition et de leur formation antérieure, de facteurs psychologiques plus généraux tels l'âge, la maturation et l'habileté intellectuelle à effectuer des opérations formelles et à recourir au raisonnement logique.

Une de nos hypothèses fondamentales est qu'à une question doublement complexe on ne peut apporter de réponse simple. C'est ainsi qu'à chacune des questions examinées concernant la grammaire, nous avons adopté, comme on aura pu le constater, le point de vue suivant lequel il y a autant de réponses que de situations et de points de vue. Compte tenu des transformations de la société, d'une part, et de l'évolution de la discipline, d'autre part, nous croyons qu'il n'y a pas de réponse unique à une question aussi complexe que celle de la grammaire et de sa pertinence dans un milieu donné. À chaque question concernant le type de grammaire à adopter et la façon de l'enseigner, nous continuerons de répondre, au risque même de parfois décevoir : *Cela dépend...* Le cas échéant, nous avons suggéré, suivant l'importance à accorder à tel ou tel facteur, quel pourrait être le meilleur choix ou quelle pourrait être la meilleure façon de procéder. Aucun élément ne devrait faire partie d'un programme grammatical à moins qu'il ne puisse être justifié en rapport avec la durée et le but d'un cours, et les caractéristiques de la population étudiante concernée (Stern 1992 : 137). On comprendra que, dans les circonstances, nous nous en sommes tenus à des considérations relativement théoriques, à certains principes fondamentaux permettant de guider et d'éclairer les choix de chacun, compte tenu des particularités de chaque situation éducative dans l'apprentissage d'une L2.

Il va de soi, pour nous, que l'apprentissage d'une L2 implique l'apprentissage de la grammaire de cette L2. La question n'est donc pas de savoir s'il faut, ou non, enseigner la grammaire mais bien de déterminer les modalités de cet enseignement : place, rôle et importance de la grammaire dans l'enseignement/apprentissage d'une langue vivante orale, dans un programme de L2 ou en salle de classe, choix de la grammaire, modalités d'enseignement, etc.

En bout de piste, il ressort assez nettement que la recherche susceptible d'apporter une importante contribution au développement de la didactique des langues fait parfois défaut dans des aspects que nous considérons comme cruciaux. Par exemple, assez étrangement, même si la très grande majorité des recherches concernant la grammaire contiennent à peu près toujours quelque forme d'implication pour l'enseignement, il reste que c'est ce dernier domaine qui est le plus négligé à l'heure actuelle. En d'autres termes, on possède de nombreuses théories et un certain nombre de données sur l'apprentissage des langues et de la grammaire d'une L2 en particulier, on possède aussi un certain nombre de modèles linguistiques de description de la langue, mais on ne dispose toujours d'aucun modèle ou d'aucune théorie de l'enseignement des langues.

Non pas qu'il faille considérer les recherches sur l'apprentissage ou sur la langue comme étant achevées ou définitives, loin de là, comme on aura pu le constater tout au long de cet ouvrage. Mais, comme toute théorie de l'enseignement implique une prise de position quant aux rapports entre l'enseignement et l'apprentissage, et sur les rapports entre l'enseignement et la langue (et, en particulier, la grammaire), objet de cet enseignement/apprentissage, les risques paraissent élevés de se retrouver, dans quelques années, avec de sérieux déséquilibres. Comment articuler convenablement, par exemple, une théorie de l'enseignement sur une théorie de l'apprentissage, en l'absence de données dans ce premier cas?

Autrement dit, en guise de prospective, nous voudrions surtout souligner la nécessité de rééquilibrer le domaine de la recherche en didactique des langues, en consacrant autant d'efforts à l'étude de l'enseignement proprement dit en classe de L2 – en y impliquant directement les principaux intéressés eux-mêmes, les enseignants – qu'à l'étude de la sélection et de la progression grammaticales, ou qu'à l'étude de l'apprentissage de la langue. En somme, pour reprendre quelques-unes de nos distinctions terminologiques initiales, il faudrait peut-être s'attarder autant à l'enseignement de la grammaire qu'à la grammaire de l'enseignement ou qu'à la grammaire de l'apprentissage.

BIBLIOGRAPHIE

Académie française (1935). *Dictionnaire de l'Académie française*, 2ᵉ éd. Paris, Librairie Hachette.

ALLEN, E.D., VALETTE R. (1977). *Classroom Techniques : Foreign Languages and English as a Second Language*. New York, Harcourt Brace Jovanovich.

ARNAULD, A., LANCELOT, C. (1969). *Grammaire générale et raisonnée*. Paris, Republications Paulet. Reproduction de l'édition de 1660.

BAUDOT, J. (1992). *Fréquences d'utilisation des mots en français écrit contemporain*. Montréal, Les Presses de l'Université de Montréal.

BENVENISTE, E. (1966). *Problèmes de linguistique générale*, t. 1. Paris, Gallimard.

BENVENISTE, E. (1974). *Problèmes de linguistique générale*, t. 2. Paris, Gallimard.

BÉRARD, E., LAVENNE, CH. (1989). *Modes d'emploi : Grammaire utile du français*. Paris, Hatier.

BERMAN, R. A. (1979). «Rule of grammar or rule of thumb?». *International Review of Applied Linguistics*, 17.4, p. 279-302.

BESCHERELLE (1991). *L'art de conjuguer : Dictionnaire de 12 000 verbes*. La Salle, Hurtubise HMH.

BESSE, H. (1989). «L'hypothèse, la règle et la loi». *Le Français dans le monde*, num. spéc., fév.-mars, p. 103-112.

BESSE, H. (1991). «(Pré)conceptions et finalités des techniques d'enseignement de la grammaire d'une langue seconde ou étrangère». *Triangle*, 8, p. 75-86.

BESSE, H., PORQUIER, R. (1991). *Grammaires et didactique des langues*. Paris, CRÉDIF/Hatier.

BIBEAU, G. (1975). *Introduction à la phonologie générative du français*. Montréal, Didier.

BOUCHER, A.M. (1990). *Propositions en vue d'une pédagogie de la grammaire*. Québec, Ministère de l'Éducation.

BROWN, G., YULE, G. (1992). *Teaching the Spoken Language*. Cambridge, Cambridge University Press.

BROWN, G. et coll. (1984). *Teaching Talk*. Cambridge, Cambridge University Press.

BRUMFIT, C. (1980). «Being interdisciplinary : Some problems facing applied linguistics». *Applied Linguistics*, 1.2, p. 158-164.

BRUNOT, F. (1936). *La pensée et la langue*, 3e éd. Paris, Masson.

CALVÉ, P. (1994). «Comment faire de la grammaire sans trahir le discours : Le cas des exercices grammaticaux». *Revue canadienne des langues vivantes*, 50.4, p. 636-645.

CANALE, M., SWAIN, M. (1980). «Theoretical bases of communicative approaches to second language teaching and testing». *Applied Linguistics* 1.1, p. 1-47.

CANDLIN, C.N., MURPHY, D.F. (dir.) (1987). *Language Learning Tasks*. Englewood Cliffs, N.J., Prentice Hall.

CARAVOLAS, J.-A. (1994). *La didactique des langues : Précis d'histoire I, 1450-1700*. Montréal/Tübingen, Les Presses de l'Université de Montréal/Gunter Narr Verlag.

CARROLL, S., SWAIN, M. (1993). «Explicit and implicit negative feedback : An empirical study of the learning of linguistic generalizations». *Studies in Second Language Acquisition*, 15.3, p. 357-379.

CAUQUELIN, A. (1990). *Aristote : Le langage*. Paris, PUF.

CELCE-MURCIA, M. (1985). «Making informed decisions about the role of grammar in language teaching». *Foreign Language Annals*, 18.4, p. 297-301.

CELCE-MURCIA, M., HILLES, S. (1988). *Techniques and Resources in Teaching Grammar*. Oxford, Oxford University Press.

CHARAUDEAU, P. (1992). *Grammaire du sens et de l'expression*. Paris, Hachette.

CHAUDRON, C. (1988). *Second Language Classrooms : Research on Teaching and Learning*. Cambridge, Cambridge University Press.

CHERVEL, A. (1981). *Histoire de la grammaire scolaire... et il fallut apprendre à écrire à tous les petits Français*, 2e éd. Paris, Payot.

CHOMSKY, N. (1981). *Lectures on Government and Binding*. Dordrecht, Pays-Bas, Foris.

CHOMSKY, N. (1988). *Language and Problems of Knowledge : The Managua Lectures*. Cambridge, MA, MIT Press.

CICUREL, F. (1985). *Parole sur parole : Le métalangage en classe de langue*. Paris, CLE international.

Conjugaison : Dix mille verbes, cent quinze conjugaisons. (1988). Paris, Larousse.

COOK, V.J. (1994). «Universal grammar and the learning and teaching of second languages». Dans *Perspectives on Pedagogical Grammar* (p. 25-48). ODLIN, T. (dir.). Cambridge, Cambridge University Press.

COURTILLON, J. (1976). «Grammaire». Dans *Un niveau seuil* (p. 225-306). COSTE. D. et coll. Strasbourg, Conseil de l'Europe.

CSECSY, M. (1968). *De la linguistique à la pédagogie : Le verbe français*. Paris, Hachette/Larousse.

DESMARAIS, L., DUPLANTIE, M. (1986). «Approche communicative et grammaire». Dans *Propos sur la pédagogie de la communication en langues secondes* (p. 41-56). BOUCHER, A.M. et coll. Montréal, Centre éducatif et culturel/CEPCEL.

Dictionnaire des fréquences : Vocabulaire littéraire des XIXe et XXe siècles. (1971). Centre de recherches pour un trésor de la langue française à Nancy. Paris, Didier.

DIRVEN, R. (1990). «Pedagogical grammar». *Language Teaching*, janvier, p. 1-10.

DUBOIS, J. (1967). *Grammaire structurale du français : Le verbe*. Paris, Larousse.

DUBOIS, J., LAGANE, R. (1993). *La nouvelle grammaire du français*, Paris, Larousse.

ELLIS, R. (1990). *Instructed Second Language Acquisition*. Oxford, Basil Blackwell.

ELLIS, R. (1994). *The Study of Second Language Acquisition*. Oxford University Press.

FAERCH, C. (1986). «Rules of thumb and other teacher-formulated rules in the foreign language classroom». Dans *Learning, Teaching and Communication in the Foreign Language Classroom* (p. 130-144). KASPER, G. Aarhus, Danemark, Aarhus University Press.

GASS, S. M., SELINKER, L. (1994). *Second Language Acquisition : An Introductory Course*. Hillsdale, NJ, Lawrence Erlbaum Associates.

GERMAIN, C. (1991). «Les interactions sociales en classe de langue seconde ou étrangère». Dans *Après Vygotski et Piaget* (p. 105-115). BEDNARZ, N., GARNIER, C., OUVLANOVSKAYA, I. (dir.). Bruxelles, De Boeck.

GERMAIN, C. (1993a). *Évolution de l'enseignement des langues : 5 000 ans d'histoire.* Paris/Montréal, Nathan/CLE international/Hurtubise HMH.

GERMAIN, C. (1993b). *Le point sur l'approche communicative en didactique des langues*, 2e éd. Montréal, Centre éducatif et culturel.

GERMAIN, C. (1993c). Compte rendu de *Grammaire du sens et de l'expression*, CHARAUDEAU, P. (1992, Paris, Hachette). *Revue de l'Association canadienne des enseignants de langue seconde*, 15, 1-2, p. 93-95.

GERMAIN, C. (1995). «De la nécessité d'une théorie de l'enseignement des langues». *Revue de l'Association canadienne de linguistique appliquée*, 16.2, p. 25-38.

GOOSSE, A. (1991). *La nouvelle orthographe : Exposé et commentaires.* Paris/Louvain-la-Neuve, Duculot.

GOUGENHEIM, G., MICHÉA, R., RIVENC, P., SAUVAGEOT, A. (1964). *L'élaboration du français fondamental, 1er degré.* Paris, Didier.

GRÉGOIRE, M., THIÉVENAZ, O. (1995). *Grammaire progressive du français avec 500 exercices.* Paris, CLE international.

GREVISSE, M., GOOSSE, A. (1989). *Nouvelle grammaire française*, 2e éd. Paris/Gembloux, Duculot.

GREVISSE, M., GOOSSE, A. (1993). *Le bon usage*, 13e éd. Paris/Gembloux, Duculot.

GROSS, M. (1968). *Grammaire transformationnelle du français : Syntaxe du verbe.* Paris, Larousse.

GUBERINA, P. (1965). «La méthode audiovisuelle structuro-globale». *Revue de phonétique appliquée*, 1, p. 35-64.

HARDY, M. (1992a). *Intermède : Cahier d'activités, Niveau intermédiaire/avancé.* Montréal, Éditions FM.

HARLEY, B. (1991). «The role of grammar teaching in French immersion». Présenté au congrès de l'Association canadienne des professeurs d'immersion, Montréal.

HARLEY, B., SWAIN, M. (1984). «Interlanguage of immersion students and its implications for second language teaching». Dans *Interlanguage* (p. 291-311). DAVIES, A., CRISPER, C., HOWATT, A.P.R. (dir.). Edimbourg, Edinburgh University Press.

HAWKINS, E. (1985). *Awareness of Language : An Introduction.* Cambridge, Cambridge University Press.

Hymes, D. (1972). «On communicative competence». Dans *Sociolinguistics : Selected Readings* (p. 269-293). Pride, J.B., Holmes, H. (dir.). Harmondsworth, Penguin Books.

Jaussaud, F. (1986). *Apprendre à conjuguer.* Paris, CLE international.

Juilland, A. (1970). *Frequency Dictionary of French Verbs.* La Haye, Mouton.

Kodsi, F. (1980). *Inventaire contextuel des verbes fréquents du français écrit.* Mémoire de maitrise. Ottawa, Université d'Ottawa.

Krashen, S. (1985). *The Input Hypothesis : Issues and Implications.* London, Longman.

Kumaravadivelu, B. (1993). «The name of the task and the task of naming : Methodological aspects of task-based pedagogy». Dans *Tasks in a Pedagogical Context : Integrating Theory & Practice* (p. 69-96). Crookes, G., Gass, S. M. (dir.). Philadelphia, Multilingual Matters.

Lagarde, J.P. (1988). «Les parties du discours dans la linguistique moderne et contemporaine». *Langages*, 92, p. 93-108.

Lallot, J. (1988). «Origines et développement de la théorie des parties du discours en Grèce». *Langages*, 92, p. 11-24.

Lambert, F. (1984). «Naissance des fonctions grammaticales : Les "bricolages" d'Apollonius Dyscole». Dans *Matériaux pour une histoire des théories linguistiques* (p. 141-146). Lille, Université de Lille.

Larsen-Freeman, D. (1991). «Teaching Grammar». Dans *Teaching English as a Second or Foreign Language* (p. 279-296), 2e éd. Celce-Murcia, M. (dir.). New York, Newbury House.

Larsen-Freeman, D., Long, M. H. (1991). *An Introduction to Second Language Acquisition Research.* London, Longman.

LeBlanc, R. (1990). *Étude nationale sur les programmes de français de base.* Ottawa, Association canadienne des professeurs de langues secondes/Éditions M.

Lightbown, P., Spada, N. (1993). *How Languages are Learned.* Oxford, Oxford University Press.

Little, D. (1994), «Words and their properties : Arguments for a lexical approach to pedagogical grammar». Dans *Perspectives on Pedagogical Grammar* (p. 99-122). Odlin, T., (dir.) Cambridge, Cambridge University Press.

Long, M. H. (1981). «Input, interaction, and second-language acquisition». Dans *Native Language and Foreign Language Acquisition* (p. 259-278). Winitz, H. (dir.). New York, The New York Academy of Sciences.

Long, M. H. (1990). «Maturational constraints on language development». *Studies in Second Language Acquisition*, 12.3, p. 251-285.

LONG, M., CROOKES, G. (1992). «Three approaches to task based syllabus design». *TESOL Quarterly*, 26.1, p. 27-56.

LOSCHKY, L., BLEY-VROMAN, R. (1993). «Grammar and task-based methodology». Dans *Tasks and Language Learning : Integrating Theory and Practice* (p. 123-167). CROOKES, G., GASS, S. M. (dir.). Philadelphia, Multilingual Matters.

LYSTER, R. (1990). «The role of analytic language teaching in French immersion programs». *La Revue canadienne des langues vivantes*, 47.1, p. 159-176.

MACKEY, A. (1994). *Using Communicative Tasks to Target Grammatical Structures : A Handbook of Tasks and Instructions for Their Use*. Sydney, University of Sydney, Language Acquisition Research Center.

MACKEY, W. F. (1972). *Principes de didactique analytique*. LAFORGE, L. (trad.). Paris, Didier.

MARTINET, A. (1979). *Grammaire fonctionnelle du français*. Paris, Didier/CRÉDIF.

MCARTHUR, T. (1983). *A Foundation Course for Language Teachers, Part 2 : Twenty-five Centuries of Grammar : An Examination of our Cultural Conditioning*. Cambridge, Cambridge University Press.

MITCHELL, R. (1994). «Grammar and teaching». Dans *Grammar and the Language Teacher* (p. 215-223). BYGATE, M., TONKYN, A., WILLIAMS, E. (dir.). London, Prentice Hall.

MONNERIE, A. (1987). *Le français au présent : Grammaire*. Paris, Didier/Hatier/Alliance française.

NUNAN, D. (1993). «Task-based syllabus design : Selecting, grading and sequencing tasks». Dans *Tasks in a Pedagogical Context : Integrating Theory and Practice* (p. 55-68). CROOKES, G., GASS, S. M. (dir.). Philadelphia, Multilingual Matters.

NUNAN, D. (1994). «Linguistic theory and pedagogic practice». Dans *Perspectives on Pedagogical Grammar* (p. 253-270). ODLIN, T., (dir.). Cambridge, Cambridge University Press.

OLLIVIER, J. (1993). *Grammaire française*, 2e éd. Montréal/Études vivantes.

PAINCHAUD, G. (dir.). (1990). *Étude nationale sur les programmes de français de base : Le syllabus langue*. Ottawa, Association canadienne des professeurs de langues secondes/Éditions M.

PALSGRAVE, J. (1972). *Lesclarcissement de la langue françoyse*. Genève, Slatkine. Reproduction de l'édition de Londres 1530.

PECK, A. (1988). *Language Teachers at Work : A Description of Methods*. New York/Prentice Hall.

Petit Larousse illustré. (1986). Paris, Larousse.

Petit Robert 1 : Dictionnaire alphabétique et analogique de la langue française (1986). Paris, Dictionnaires Le Robert.

PHILP, J. (1993). *Collaborative Discourse in the Foreign Language Classroom : An Investigation*. Mémoire de maitrise. Sydney, University of Sydney.

PIENEMANN, M. (1984). «Psychological constraints on the teachability of languages». *Studies in Second Language Acquisition*, 6.2, p. 186-214.

PIENEMANN, M. (1989). «Is language teachable? Psycholinguistic experiments and hypotheses». *Applied Linguistics*, 10.1, p. 52-79.

POPPER, K. R. (1973). *La logique de la découverte scientifique*. THYSSEN-RUTTEN, N., DEVAUX, P. (trad.). Paris, Payot.

PUREN, C. (1988). *Histoire des méthodologies de l'enseignement des langues*. Paris, Nathan/CLE international.

PUREN, C. (1994). *La didactique des langues étrangères à la croisée des méthodes : Essai sur l'éclectisme*. Paris, CRÉDIF/Didier.

REBUFFOT, J. (1993). *Le point sur l'immersion au Canada*. Montréal, Centre éducatif et culturel.

RIVENC, P. (1981). «Et la grammaire dans tout cela?». *Revue de phonétique appliquée*, 61, p. 339-351.

Robert oral-écrit : L'orthographe par la phonétique. (1989). Paris, Dictionnaires Le Robert.

RUTHERFORD, W. E. (1987). *Second Language Grammar : Learning and Teaching*. London, Longman.

SANDHU, M. (1995). *Grammaire fonctionnelle du français*. Toronto, Holt, Rinehart & Winston.

SCARCELLA, R. C., OXFORD, R. L. (1992). *The Tapestry of Language Learning*. Boston, Heinle & Heinle.

SÉGUIN, H. (1986a). *Tous les verbes conjugués*. Montréal, Centre éducatif et culturel.

SÉGUIN, H. (1986b). «La conjugaison française revisitée». *Revue canadienne des langues vivantes*, 42.5, p. 968-983.

SÉGUIN, H. (1989a). «Pour une taxinomie de la morphologie verbale en didactique du français». *Études de linguistique appliquée*, 75, p. 124-137.

SÉGUIN, H. (1989b). «La grammaire explicite dans un cours de FLS : Par quel bout commencer?». Dans *L'enseignement des langues secondes aux adultes* (p. 183-203). Ottawa, Les Presses de l'Université d'Ottawa.

SÉGUIN, H. (1992). «Implications terminologiques d'une nouvelle taxinomie de la morphologie verbale en français : Les verbes en deux groupes, quatre classes». *ABLA Papers* (Association belge de linguistique appliquée), 13, p. 107-116.

SPADA, N. (1987). «Relationships between instructional differences and learning outcomes : A process-product study of communicative language teaching». *Applied Linguistics*, 8, p. 137-161.

STERN, H. H. (1983). *Fundamental Concepts of Language Teaching*. Oxford, Oxford University Press.

STERN, H. H. (1992). *Issues and Options in Language Teaching*. ALLEN, P., HARLEY, B. (dir.). Oxford, Oxford University Press. Édition posthume.

SWAIN, M. (1985). «Communicative competence : Some roles of comprehensible input and comprehensible output in its development». Dans *Input in Second Language Acquisition* (p. 235-253). GASS, S. M., MADDEN, C. G. (dir.). Rowley, MA, Newbury House.

SWAIN, M., LAPKIN, S. (1986). «Immersion French in secondary schools : The "goods" and the "bads"». *Contact*, 5.3, p. 2-9.

SWAN, M. (1994). «Design criteria or pedagogic language rules». Dans *Grammar and the Language Teacher* (p. 45-55). BYGATE, M., TONKYN, A., WILLIAMS, E. (dir.). London, Prentice Hall.

SYLVIUS, I. (DUBOIS, Jacques). (1971). *In linguam gallicam isagoge*. Genève, Slatkine. Reproduction de l'édition de Paris 1531.

WEINRICH, H. (1989). *Grammaire textuelle du français*. Paris, Didier/Hatier.

WHITE, L. (1989). *Universal Grammar and Second Language Acquisition*. Amsterdam, John Benjamins.

WHITE, L. (1991). «Adverb placement in second language acquisition : Some effects of positive and negative evidence in the classroom». *Second Language Research*, 7.2, p. 133-161.

WIDDOWSON, H.G. (1980). «Applied linguistics : The pursuit of relevance». Dans *On the Scope of Applied Linguistics* (p. 74-84). KAPLAN, R. (dir.). Rowley, MA, Newbury House.

WILKINS, D. (1976). *Notional Syllabuses*. Oxford, Oxford University Press.

N° Editeur : 10042954-(1)-5-(OSBK80) - Janvier 1998
Imprimé en France par I.M.E. - 25110 Baume-les-Dames - N° imprimeur : 12078